Olaf Jacobs (Hg.)

DIE TREUHAND
EIN DEUTSCHES DRAMA

mitteldeutscher verlag

Umschlaggestaltung Mitteldeutscher Verlag (Grafik: Sebastian Peuker, Foto: Shutterstock/rangizzz)

Lektorat: Cornelia Thoellden (https://lektorat-thoellden.de), Stuttgart
Redaktion: Inga Brantin (Hoferichter & Jacobs GmbH), Leipzig
Grafiken im Text: Yves Jates (https://yko.be), Berlin

Bibliografische Information der Deutschen Nationalbibliothek
Die Deutsche Nationalbibliothek registriert diese Publikation in der Deutschen Nationalbibliografie; detaillierte bibliografische Daten im Internet unter https://d-nb.de.

1. Auflage
© 2020 mdv Mitteldeutscher Verlag GmbH, Halle (Saale)
www.mitteldeutscherverlag.de

Gesamtherstellung: Mitteldeutscher Verlag, Halle (Saale)

ISBN 978-3-96311-316-1

Printed in the EU

Inhaltsverzeichnis

Vorwort

30 Jahre nach der deutschen Einheit rückt das Wirken der Treuhandanstalt immer mehr in den Fokus der Öffentlichkeit und der gesellschaftlichen und politischen Debatte. Nicht einmal fünf Jahre hat die größte Staatsholding der Welt gearbeitet – von März 1990 bis Dezember 1994. Doch jetzt erst scheint die Zeit gekommen, in der man langsam die ganze Bedeutung dieser Arbeit für die Gegenwart Deutschlands begreifen kann.

Von den Runden Tischen angeregt und von der letzten DDR-Regierung beschlossen, sollte die Treuhandanstalt zunächst „das Volkseigentum wahren" und die Betriebe des Landes in die neue Zeit führen. Noch bei ihrer Gründung ging niemand davon aus, dass es so schnell passieren sollte und spätestens nach Einführung der D-Mark erfolgen musste. Von der Bewahrerin des Volksvermögens der DDR wurde die Treuhand schnell zu der Einrichtung, die den politisch gewollten Transformationsprozess konkret machte. Genau hier erfolgte der eigentliche Wechsel von der staatlichen Planwirtschaft hin zur Marktwirtschaft. Das Tempo der großen politischen Veränderungen und Weichenstellungen des Jahres 1990 potenzierte sich hier und wurde in ökonomische Realität umgewandelt. Am Anfang kaum bemerkt und dann nicht mehr aufzuhalten, wurde die Treuhandanstalt zum Maschinenraum der deutschen Einheit.

Mit jedem Jahr ihrer kurzen Existenz wurde das Image der Treuhandanstalt schlechter und mit jedem Jahr seit ihrem Ende scheint sich diese Entwicklung noch zu verstärken. Das heutige Bild der Treuhand lässt sie als die maßgebliche Verursacherin von wirtschaftlichem Niedergang, Abwanderung, Armut und sozialer Benachteiligung vor allem in Ostdeutschland erscheinen.

Das Phänomen ist dabei so ähnlich, wie es Jahre zuvor auch bei der Staatssicherheit zu beobachten war. Richtete sich die Wut vieler DDR-Bürger anfangs auf die SED als staatstragende Partei, wurde es Jahre später immer mehr gesellschaftlicher Konsens, dass die Staatssicherheit der Inbegriff des Unrechtsstaats und die eigentliche Organisatorin der Diktatur in der DDR gewesen sei. Die Konzentration der ostdeutschen Negativerfahrungen auf die Staatssicherheit nahm auf bemerkenswerte Weise rasch andere staatliche Organe und die Partei(en) der DDR aus der moralischen und tatsächlichen Verantwortung sowie aus der Schusslinie der gesellschaftlichen Diskussion. Ganz ähnlich kann man das bei der Treuhand beobachten. Sie dient zunehmend als Sammelbegriff für wirtschaftliche Verwerfungen, für Fehlentwicklungen und auch für die biografischen Entwertungen, die viele Ostdeutsche nach der deutschen Wiedervereinigung erfahren haben. Verschiedene Aspekte geraten dabei in den Hintergrund – zum Beispiel, dass die Treuhandanstalt in einem politischen Kontext handelte. Dass ihre Aufgabenstellung und das Gesetz, das diese Institution trug, über die gesamte Dauer ihrer Existenz nie angepasst wurden. Und dass die Rahmenbedingungen, die den unter der Treuhand zusammengefassten Betrieben so sehr zu schaffen machten, durchaus gewollt und auch von den Bürgern der ehemaligen DDR erstritten waren. Die rasche Einführung der D-Mark und ein Umtauschkurs, der für ostdeutsche Sparer gut akzeptabel, für die DDR-Wirtschaft aber eigentlich tödlich war, gehörten ebenso dazu wie der rasche Anstieg der Löhne in den Jahren der Treuhand und ein Kaufverhalten, das wohl verständlich, ökonomisch aber verheerend war. Das soll nicht heißen, dass die Arbeit der Treuhand keine Fehlentwicklungen verursacht hat. Heute wissen wir um eine Fülle auch falscher Entscheidungen, und womöglich war auch die Grundanlage dieses Transformationsprozesses nicht gerade optimal. Das alles zeigt aber, dass eine differenzierte Betrachtung das heutige öffentliche Bild mit Recht verändern würde.

Die Treuhand ist für viele Ostdeutsche zum Synonym für Willkür, für Deals in Hinterzimmern, für die Bevorzugung von Westdeutschen und für ein intransparentes und unfaires Wirtschaftssystem geworden. Das dürfte auch daran liegen, dass die objektive Aufarbeitung bis heute in den Anfängen steckt. Bis vor Kurzem waren die Akten der Treuhand vollständig unter Verschluss; mittlerweile sind sie zwar zugänglich, aber die systematische Auswertung beginnt gerade erst. Um die Gegenwart der gesellschaftlichen und wirtschaftlichen Verhältnisse in Ostdeutschland zu verstehen, kann die Beschäftigung mit der Geschichte der Treuhandanstalt und ihrem tatsächlichen Wirken nützlich sein. Aus den tatsächlichen Umständen und Verhältnissen lässt sich ein Bild davon zeichnen, was die Treuhand bewirkt hat, vor welchen Herausforderungen sie sich sah, aber auch, wo die Grenzen ihres Handelns und ihrer Möglichkeiten waren. Die Differenzen zwischen Mythos und Realität, das ist schon heute zu erkennen, sind zum Teil erheblich.

Das Buch „Die Treuhandanstalt. Ein deutsches Drama" ist Teil eines Projekts, in dem mehr als ein Jahr Beschäftigung mit den Treuhandakten steckt und dem mehrere Jahre Bemühungen um Zugang zu Akten und Archiven vorausgegangen sind. Neben dem Buch sind ein Film, ein Onlineangebot und eine Reihe von „Zeitreisen", kurzen Beiträgen im Nordmagazin des NDR entstanden, die auch der schulischen und außerschulischen Bildungsarbeit zur Verfügung stehen. Das Projekt will in der Summe seiner Teile einen Beitrag leisten, eine der spannendsten und wohl komprimiertesten Zeiten deutscher Geschichte differenzierter zu betrachten. Die Tatsache, dass die öffentliche Debatte, aber auch die tatsächliche Struktur der Wirtschaft in Ostdeutschland bis heute so nachhaltig von den Weichenstellungen der damaligen Zeit geprägt sind, gibt einen Hinweis darauf, dass das Thema auch in den nächsten Jahren nicht an Relevanz verlieren wird.

Das vorliegende Buch versteht sich als Debattenbeitrag. Es beginnt mit einer Einführung von Matthias Judt in die wirtschaftlichen Rahmenbedingungen und Startvoraussetzungen für die Arbeit der Treuhandanstalt. Dieser Ausgangspunkt ist in gewisser Weise die bis heute nicht geschriebene Schlussbilanz der DDR. Darauf folgt ein Kapitel zu den Spuren der Treuhand von Michael Graupner, das die Arbeitsweise der Treuhand an konkreten Fallbeispielen illustriert und die Konsequenzen ihres Handelns für die wirtschaftliche Situation in Ostdeutschland veranschaulicht. Das abschließende Kapitel „Der lange Schatten der Treuhand" von Michael Schönherr befasst sich mit den heutigen Kosten und den gegenwärtigen Folgen der Treuhandpolitik.

Die Prämisse aller beteiligten Autoren war es, sich so weit wie möglich auf gesicherte Fakten zu beziehen, Phänomene zu hinterfragen und Zusammenhänge aufzuzeigen.

Dank für die Geduld und die kontinuierliche inhaltliche Begleitung des Projekts gilt dem Mitteldeutschen Rundfunk mit seiner Hauptredaktion Information, dem Norddeutschen Rundfunk mit seinem Landesfunkhaus Mecklenburg-Vorpommern, ganz besonders Silke Heinz und Siv Stippekohl, und der Bundesstiftung zur Aufarbeitung der SED-Diktatur für das Teilprojekt zur Bildungsarbeit. Der Mitteldeutsche Verlag hat uns von Beginn an zu einem Buch zu den Filmen ermutigt und in Person von Roman Pliske und Dr. Kurt Fricke den Weg dahin mit großem Engagement begleitet.

Olaf Jacobs im Januar 2020

1 Das Startkapital

Matthias Judt

Als die Herrschaft kommunistischer Parteien in Mittel- und Osteuropa zusammenbrach, kam das für viele, vor allem im Westen, überraschend. Waren zuvor Aufstände und Reformbewegungen im Ostblock niedergeschlagen worden – 1953 in der DDR, 1956 in Ungarn, 1968 in der Tschechoslowakei und 1981 in Polen –, kulminierte die Erosion der kommunistischen Herrschaft 1989 in der Flucht vieler Tausend Menschen aus der DDR über Ungarn, die Tschechoslowakei und Polen, und in den Massendemonstrationen in vielen Städten der DDR, darunter die entscheidenden in Leipzig. Auch in Prag oder Bukarest fanden Proteste statt. Die Umwälzungen fanden weitgehend friedlich statt. Das lag vor allem daran, dass ein großer Teil der jeweiligen Bevölkerung nur noch sehr eingeschränkt dazu bereit war, das staatssozialistische Gesellschaftsmodell fortzusetzen. Das galt selbst für weite Teile der Mitglieder in den herrschenden kommunistischen Parteien.

Das vermeintlich stabilste Land innerhalb des Ostblocks, die DDR, wurde 1989 zum Ausgangspunkt seines Zusammenbruchs. Ihm war die Mehrheit seiner „Verteidiger" abhandengekommen und seine Führungsmacht, die Sowjetunion, war 1989/90 nicht willens und auch längst nicht mehr in der Lage, dieser Entwicklung entgegenzutreten. Die Bundesregierung unter Kanzler Helmut Kohl nutzte 1989/90 die Gunst der Stunde, den deutsch-deutschen Vereinigungsprozess einzuleiten und zum Abschluss zu bringen. Das geschah auch in der Sorge, dass ein Putsch in der Sowjetunion – der im Sommer 1991 tatsächlich versucht wurde – die Entwicklung zur erneuten deutschen Einheit abbrechen könnte. Nicht vergessen werden darf das Grundgesetz in seiner bis 1990 gültigen Fassung. Darin steht, dass die Bundesregierungen alles dafür tun sollen, damit das „gesamte deutsche Volk [...] in freier Selbstbestimmung die Einheit und Freiheit Deutschlands [...] vollenden"[1] kann.

Gerade die politische Einheit Deutschlands mit zügigen Schritten erreicht zu haben, ist mit Sicherheit ein großes Verdienst der damaligen Bundesregierung. In Bezug auf die wirtschaftspolitische Begleitung des Vereinigungsprozesses, insbesondere nach der Wiederherstellung der staatlichen Einheit Deutschlands, muss das Urteil hingegen weitaus differenzierter ausfallen.

Nach den einzigen freien Wahlen am 18. März 1990 machte die Währungsunion vom 1. Juli 1990, also die Einführung der D-Mark als alleiniges Zahlungsmittel in der DDR, den politischen Wandel dort unumkehrbar. Das wiederum löste heftige Verwerfungen in der Wirtschaft der zu Ende gehenden DDR und der neuen Bundesländer aus. Sie waren wegen der ökonomischen Situation der ausgehenden DDR sicherlich unausweichlich, hätten jedoch zumindest in Teilen der ostdeutschen Wirtschaft weniger heftig gestaltet werden können. Das soll in diesem Text diskutiert werden.

Zu Beginn soll jedoch dargelegt werden, wie sich die wirtschaftliche Lage der DDR an der Wende zu den 1990er Jahren ohnehin gestaltet hätte. Herauszufinden ist also, ob das Land 1989/90 tatsächlich kurz vor dem Bankrott stand, ob dieser gegebenenfalls erst für spätere Jahre zu erwarten war oder ob er – wie schon einmal zu Beginn der 1980er Jahre – erneut hätte abgewendet werden können.

Im nächsten Schritt wird untersucht, wie sich die 1989 noch nicht absehbare, aber 1990 erfolgte Einführung der D-Mark auf die wirtschaftlichen Rahmenbedingungen des Landes insgesamt auswirken musste. Anschließend geht es um die Frage, ob die Bundesregierung, die 1990 maßgeblich für die Entwicklung in den neuen Bundesländern verantwortlich war, den dort ablaufenden Transformationsprozess mit einem anderen wirtschaftspolitischen Ansatz hätte günstiger gestalten können.

War die DDR 1989/90 pleite?
Die wirtschaftlichen Voraussetzungen der DDR

„Niedergang" und „Zusammenbruch" sind Begriffe, die häufig mit dem Ende der DDR in Zusammenhang gebracht werden. Gegründet am 7. Oktober 1949, feierte die Deutsche Demokratische Republik 1989 ihren 40. Geburtstag mit großem Pomp und sollte doch den nächsten nicht mehr erleben. Bereits in den Wochen davor hatten Tausende DDR-Bürger über die Botschaften der Bundesrepublik in Prag, Budapest und Warschau ihre Ausreise erwirkt. Der 40. Jahrestag der DDR wurde in Ost-Berlin, einigen Bezirksstädten und auch in der Provinz von spontanen Demonstrationen begleitet, die am nächsten Tag in der gelenkten Presse des Landes als „Störungen der Volksfeste"[2] diffamiert wurden. Überall wurden Teilnehmer der Demonstrationen durch Einsatzkräfte der Volkspolizei und der Staatssicherheit „zugeführt", also verhaftet.
Zwei Tage später, am 9. Oktober 1989, bereitete sich die Staatsmacht in Leipzig sogar darauf vor, eine erneute Montagsdemonstration nach den Friedensgebeten in der Nikolaikirche im Zentrum der Stadt zu unterbinden. Ähnliche Demos hatten dort seit dem 4. September 1989 mit wachsendem Zulauf stattgefunden: Am 25. September 1989 waren bereits 5 000 Teilnehmer, am 2. Oktober 1989 sogar 20 000 gekommen.[3] Eine Wiederholung sollten Kräfte der Volkspolizei, der Staatssicherheit und der sogenannten Kampfgruppen der Arbeiterklasse zwar eine Woche später unterbinden. Doch nach einem „Aufruf der Leipziger Sechs" zur Gewaltlosigkeit, den am 9. Oktober der Universitätstheologe Peter Zimmermann, der Kabarettist Bernd-Lutz Lange und der weltberühmte Gewandhausdirigent

Kurt Masur gemeinsam mit drei Sekretären der SED-Bezirksleitung (Kurt Meyer, Jochen Pommer, Roland Wötzel) unterschrieben und über den Leipziger Stadtfunk verlesen hatten, blieb es in der Stadt ruhig. Die Einsatzkräfte von Volkspolizei, Kampfgruppen und Staatssicherheit waren zwar sichtbar präsent – sie griffen an diesem Tag jedoch nicht ein, und so konnten 70 000 Leipziger friedlich demonstrieren.[4] Danach nahmen immer mehr Menschen an Kundgebungen in Leipzig teil, bis zu 300 000 gingen auf die Straße. Auch in anderen Städten der DDR kam es nun zu Demonstrationen.

Ende Oktober/Anfang November 1989 fanden schließlich zwei bemerkenswerte Kundgebungen statt. In Ost-Berlin versammelten sich Hunderttausende zur vermutlich größten Demonstration in der Geschichte der DDR, ohne dass dort ein Ruf nach der Wiedervereinigung Deutschlands zu vernehmen war. In Plauen hingegen, im Südosten Sachsens, tauchten am gleichen Tag erstmals Banner auf, auf denen eine Zeile der seit den 1970er Jahren nicht mehr gesungenen Nationalhymne der DDR zu lesen war: „Deutschland, einig Vaterland".[5]

Fast auf den Tag genau elf Monate später war exakt das umgesetzt. Am 3. Oktober 1990 war die DDR dem Geltungsbereich des Grundgesetzes und damit der Bundesrepublik beigetreten – für viele „Vereinigung" oder „Wiedervereinigung", für manche „Anschluss", für alle aber ein Ergebnis des moralischen Bankrotts der DDR und ihrer gesellschaftlichen Ordnung. Für nicht wenige ist daher der Schluss, die DDR sei auch wirtschaftlich pleite gewesen, schnell gezogen. Doch stimmt das wirklich?

Kaum ein Zeitungs- oder Fernsehbericht über den Zustand der DDR an ihrem Ende kommt ohne Bilder von kaputten Straßen und Häusern, sichtbar lädierten Maschinen und Anlagen oder Beispielen für die Umweltzerstörungen im Lande aus. In der Tat: 1988 waren in der DDR-Industrie fast

54 Prozent der Maschinen und Anlagen ramponiert oder stark mitgenommen, im Bauwesen waren es 67 Prozent, im Verkehrswesen gut 52 Prozent und in der Land-, Forst- und Nahrungsgüterwirtschaft mehr als 61 Prozent.[6] Darin kam ein riesiger Investitionsrückstand zum Ausdruck, der in Zukunft mit Sicherheit zu hohen finanziellen Belastungen geführt hätte. Ganz zu schweigen von der im Verborgenen gehaltenen inneren Verschuldung, etwa in Form der Kredite zur Finanzierung des umfangreichen Wohnungsbaus in den 1970er und 1980er Jahren.

Ende Oktober 1989 hatten fünf einflussreiche Wirtschaftsfunktionäre der DDR, darunter Planungschef Gerhard Schürer und der Leiter des in der Öffentlichkeit wenig präsenten Bereiches Kommerzielle Koordinierung (KoKo), Alexander Schalck-Golodkowski, dem SED-Politbüro ihre „Analyse der ökonomischen Lage der DDR" präsentiert. Sie zeichneten ein düsteres Bild. Die DDR sei im Westen mit 49 Mrd. Valutamark verschuldet, eine Währungsangabe, die – irrtümlich – gern mit der D-Mark gleichgesetzt wird. Dieser Irrtum ergibt sich aus einem grundsätzlichen Fehler in der DDR-Außenhandelsstatistik: Während eine Valutamark im innerdeutschen Handel tatsächlich einer D-Mark entsprochen hatte, waren bei der Umrechnung von Einnahmen und Ausgaben im Außenhandel mit anderen Ländern des „nichtsozialistischen Wirtschaftsgebiets" die Aufwertungen der D-Mark gegenüber deren Währungen seit Beginn der 1980er Jahre nicht korrekt übernommen worden. Spätere Berechnungen der tatsächlichen Verschuldung der DDR, bei denen sowohl die von den SED-Wirtschaftsfunktionären nicht berücksichtigten Guthaben eingerechnet als auch der statistische Fehler herausgerechnet wurden, belegen, dass die DDR Ende 1989 nur mit insgesamt 19,9 Mrd. Valutamark (= D-Mark) verschuldet war.[7]

Im Hinblick auf den Zustand des Kapitalstocks der DDR-Industrie zeichneten die Wirtschaftsfunktionäre ebenfalls ein düsteres Bild. Er sei zu mehr als der Hälfte verschlissen, in manchen Bereichen sogar zu mehr als zwei Dritteln. Im Jahr 1990 werde zudem die interne Verschuldung des Staatshaushaltes 140 Mrd. DDR-Mark erreichen.[8] Sie gingen jedoch nicht so weit zu erklären, die DDR sei pleite oder zumindest nahe daran. Im Gegenteil: Mit mutigen Reformen in der Wirtschaft, einer engen Kooperation mit der UdSSR und nicht zuletzt dem Bestreben, von der Bundesrepublik erneut einen oder mehrere Kredite in der Gesamthöhe von zwei bis drei Milliarden D-Mark zu erhalten, könne die DDR den Autoren zufolge ihre Krise überwinden.[9] Sie hatte das schon einmal zu Beginn der 1980er Jahre geschafft. Damals halfen verwegene Finanzoperationen, die vor allem das Anwenden von unterschiedlichen Zahlungsfristen bei Warenlieferungen von und nach der Sowjetunion, der Bundesrepublik, Frankreich, Österreich und Schweden bedeuteten, die seinerzeit erwartete Pleite der DDR zu verhindern. Endgültig aus der Krise gelangte sie schließlich durch die beiden Milliardenkredite westdeutscher Großbanken, die vom damaligen bayerischen Ministerpräsidenten Franz Josef Strauß und KoKo-Chef Alexander Schalck-Golodkowski verhandelt wurden.[10]

Warum sollte es also nicht wieder möglich sein, eine neue finanzielle Krise der DDR zu meistern? Immerhin erzeugte das Land Ende 1989 ein Bruttoinlandsprodukt (BIP), das mehr als dem Fünfeinhalbfachen des BIPs von 1950 entsprach, pro Einwohner sogar etwas mehr als dem Sechsfachen. Die Wirtschaftsleistung in den wichtigsten Bereichen produzierendes Gewerbe und Baugewerbe waren im gleichen Zeitraum auf gut das Acht- bzw. knapp das Achteinhalbfache gestiegen.[11] In ausnahmslos jedem Jahr war das BIP der DDR gewachsen. Selbst 1989, als der Flüchtlingsstrom von DDR-Bürgern auf mehrere Hunderttausend angeschwollen war, stieg es noch einmal um 2,3 Prozent.[12] Zwischen 1950 und 1989 war das westdeutsche BIP wiederum „nur" auf gut 534 Prozent, pro Einwohner sogar nur auf gut 430 Prozent gestiegen. Das Wachstum im produzierenden und im Baugewerbe war deutlich geringer ausgefallen und betrug etwa 558 bzw. gut 335 Prozent.[13] Insgesamt lag das westdeutsche Bruttoinlandsprodukt 1989 bei gut 673 Prozent des ostdeutschen BIP und fiel damit nur geringfügig niedriger aus als 1950, als in der Bundesrepublik noch mehr als das Siebenfache des BIP der DDR erzeugt wurden. Zwischenzeitlich – in den 1960er Jahren – hatte es aber bei bis zu 838 Prozent des BIP der DDR gelegen.[14]

In Bezug auf die Entwicklung des Bruttoinlandprodukts pro Einwohner bzw. pro Beschäftigten waren die Relationen in der DDR in Anbetracht der erheblich gesunkenen Einwohnerzahl günstiger: Das BIP der Bundesrepublik war im Vergleich zum BIP der DDR je Einwohner von 258 Prozent (1950) auf 180 Prozent (1989) gesunken, je Beschäftigten von 280 Prozent (1950) auf 223 Prozent (1989).[15] Gerade im Hinblick auf die Werte pro Einwohner und je Beschäftigten hatte die DDR also gegenüber der Bundesrepublik erheblich aufgeholt.

Die Bundesrepublik wies zwar 1989 ein höheres Wachstum des BIP aus (mehr als 3,9 Prozent). Es konnte jedoch nicht behauptet werden, dass die DDR wirtschaftlich am Ende – also pleite – gewesen wäre. Grundbedingung für diese Aussage war jedoch, dass sie ihren Binnenmarkt durch die Existenz einer eigenen, noch dazu nicht konvertiblen Währung, durch eigene Zollbestimmungen und eigenständige Politik im innerdeutschen und Außenhandel weiter abschotten und auswärtige Konkurrenz nur – wenn überhaupt – in sehr engen Grenzen zulassen konnte.

Diesen Weg konnte die DDR ab 1990 nicht mehr gehen, andere Transformationsländer in Mittel- und Osteuropa schon. Polen nutzte dabei zum Beispiel die eigene Zollpolitik, um die Ansiedlung westlicher Automobilproduzenten im Land zu fördern: Der Import von Neufahrzeugen wurde mit hohen Einfuhrzöllen belegt, der von gebrauchten Fahrzeugen oder Autoteilen dagegen mit niedrigen. Dadurch wurde das Bedürfnis der Bevölkerung nach westlichen Autos zunächst mit Gebrauchtwagen befriedigt und gleichzeitig wurde die Ansiedlung von Fabriken für westliche Neufahrzeuge in Polen unterstützt.

Auf der anderen Seite opferte Polen seine Werftindustrie, die vorher, ähnlich wie in der DDR, stark von sowjetischen Aufträgen abhängig gewesen war. In der Landwirtschaft wurde die Umstellung auf größere Einheiten vorangetrieben. All diese Transformationsschritte wurden über Jahre verteilt und dabei nicht unbedingt parallel, sondern nacheinander gegangen.

Die Einführung der D-Mark in der DDR bedeutete dagegen die Aufgabe eigenständiger währungs-, fiskal- und zollpolitischer Instrumente und die sofortige Einführung einer konvertierbaren – und noch dazu besonders harten – Währung.[16] Damit entstand hier ein ungeschützter Wirtschaftsraum. Im Gegensatz dazu war bei der Einführung der D-Mark ein geschützter Wirtschaftsraum geschaffen worden, da sie zunächst als reine Binnenwährung in den Westzonen bzw. der frühen Bundesrepublik fungierte.

Hätte die DDR weiterhin als Staat und als Wirtschaftsraum existiert, dann hätte die Bundesrepublik DDR-Einwohner jedoch den Bürgern anderer ehemaliger Ostblockstaaten gleichstellen müssen, um die ab 1989 massenhafte Abwanderung aus der DDR zu unterbinden. Das hätte die Anerkennung der DDR-Staatsbürgerschaft, die Einführung einer Visumpflicht bei längeren Aufenthalten von Ostdeutschen in der Bundesrepublik und den Verzicht auf ihre Einbürgerung erfordert – ein politisches Unding, nicht nur für Anhänger der Unionsparteien.

Abgesehen von dieser unrealistischen Option muss zudem betrachtet werden, ob eine weiterhin eigenständige DDR später nicht ohnehin in eine Situation geraten wäre, die ihre wirtschaftliche Existenz bedroht hätte.

Warum eine spätere Pleite der DDR absehbar war
Analyse eines zu erwartenden Zusammenbruchs

Seit der Zahlungskrise vom Beginn der 1980er Jahre an hatten sich für die DDR die Rahmenbedingungen ihres innerdeutschen und Außenhandels nach wenigen Jahren der wirtschaftlichen Erholung ab 1985/86 wieder verschlechtert. Hier ist vor allem die immer ungünstigere „Devisenrentabilität" zu nennen. Sie beschreibt das Verhältnis von inländischem Aufwand (in DDR-Mark) und ausländischem Erlös (in Devisen) bei den Exporten der DDR. Die Erträge aus dem Export waren schon seit geraumer Zeit zurückgegangen, was vor allem an der sinkenden Konkurrenzfähigkeit der eigenen Produkte lag. Gerade im Bereich des Maschinenbaus, einem Herzstück der DDR-Volkswirtschaft, hatten fehlende Innovationen und der Rückstand bei der Nutzung computergestützter Steuerungen dazu geführt, dass selbst die Sowjetunion für Lieferungen aus der DDR nach Alternativen in der Bundesrepublik gesucht hatte.

Man erhoffte sich einen Ausweg aus diesem Dilemma in der Lohnfertigung von Produkten, die man sicher auf westlichen Märkten absetzen konnte. Das zeigt die Herstellung westlicher Erzeugnisse in Lizenz, vor allem die sogenannte Gestattungsproduktion für westdeutsche Auftraggeber. Das Spektrum der hergestellten Güter reichte von Tabakwaren, Spirituosen, Kaffee, Schokoerzeugnissen und alkoholischen Getränken über Möbel und Einrichtungsgegenstände bis hin zu Pkw-Motoren und Getriebewellen. Ein Teil des Absatzes solcher Erzeugnisse erfolgte in der DDR über ein Netz von „Intershop"-Läden, in denen gegen westliche Devisen eingekauft werden konnte.[17]

Nur waren diese Produkte nicht Ergebnis eigener Forschung und Entwicklung, sondern Erzeugnisse, die die DDR zur verlängerten Werkbank westlicher Unternehmen machten. Sie sicherten zwar einen Teil der notwendigen Deviseneinnahmen, aber nicht unbedingt auf Dauer. Schon in den 1980er Jahren war die DDR zunehmend mit der Konkurrenz zum Beispiel asiatischer Länder auf ihren westlichen Märkten konfrontiert. Dass ihre Partner die Lizenz- oder Gestattungsproduktion später nicht auch in andere Länder verlagern könnten, war nicht ausgeschlossen. In Bezug auf die Importe kann ähnlich argumentiert werden. Als kleines Land mit vergleichsweise wenigen Einwohnern war die DDR von der internationalen Arbeitsteilung abhängig, also auch vom Bezug von Waren aus dem westlichen Ausland, die im Inland nicht hergestellt wurden und auch nicht aus den Ländern des Ostblocks bezogen werden konnten.

Die Preisschwankungen bei Ex- und Importgütern waren ein weiteres Problem, weil steigende Preise bei den Importen und eventuell sinkende Erlöse bei den eigenen Exporten die außenwirtschaftliche Situation der DDR verschärfen konnten. Gerade deshalb waren die Vorstellungen der erwähnten SED-Wirtschaftsfunktionäre zur Entwicklung der Ex- und Importe der DDR in und aus westlichen Ländern unrealistisch: Um die Zahlungsfähigkeit der DDR gegenüber westlichen Gläubigern aufrechtzuerhalten, sei es erforderlich, jährlich wachsende Exportüberschüsse von 2 Mrd. Valutamark im Jahre 1990 auf 11,3 Mrd. Valutamark im Jahre 1995 zu erwirtschaften. Dazu sollten eigene Lieferungen erweitert und die für Importe notwendigen Beträge eingefroren werden.[18]

Dennoch würde der Schuldenstand der DDR von 49 Mrd. Valutamark im Jahre 1989 auf 63 Mrd. Valutamark im Jahre 1992 ansteigen. Das läge an den Verpflichtungen, die der Zahlungsbilanz neu zugeordnet werden müssten – etwa aus der dann fälligen Tilgung von Krediten aus Industrieanlagenimporten in den Vorjahren. Erst danach wäre bis 1995 mit einem Rückgang auf 57 Mrd. Valutamark zu rechnen. Für 1995 war zudem geplant, für jede Valutamark, die für

Importe aus dem Westen ausgegeben werden müsse, zwei Valutamark mit eigenen Exporten zu erwirtschaften.[19] Die Autoren selbst sahen diese Ideen als kaum erreichbar an, insbesondere wegen der Zielstellung einer Relation von 2 : 1 bei Exporten und Importen in und aus westlichen Ländern. Wenn ein Schuldenanstieg verhindert werden solle, müsse ein Inlandprodukt von 30 Mrd. DDR-Mark aufgewandt werden, was dem Anstieg des Nationaleinkommens der DDR von drei Jahren entspräche und eine Drosselung der inländischen Konsumtion von 25 bis 30 Prozent erfordere.[20] Das hätte sich auch in den Jahren ab 1990 so fortsetzen müssen, der DDR-Bevölkerung wäre also eine längere Phase sinkenden Lebensstandards zugemutet worden. Zudem hätte der Kapitalstock der DDR-Wirtschaft erneuert werden müssen. Aus all diesen Gründen ist die Vermutung berechtigt, dass es in den 1990er Jahren ohnehin zum wirtschaftlichen und politischen Zusammenbruch der DDR gekommen wäre.[21] Wenn man rekapituliert, in welch vergleichbar besseren wirtschaftlichen Situation des Jahres 1989 die DDR-Bürger auf die Straße gegangen waren und schließlich die deutsche Einheit verlangt hatten, kann man sich vorstellen, dass selbst eine reformorientierte DDR-Regierung eine solche Entwicklung in den 1990er Jahren politisch nicht überlebt hätte.

Zwei Systeme, zwei Bilanzen
Wie die ostdeutsche Wirtschaft in die Krise getrieben wurde

Den Wert der DDR-Volkswirtschaft festzustellen, ist ein umstrittenes Thema. Auf der einen Seite stehen die, die – ausgehend von der vorherigen wirtschaftlichen Entwicklung – behaupten, dass sie über große materielle Werte verfügt habe, die im Nachgang der „überstürzten" Einführung der D-Mark „verscherbelt" worden seien. Auf der anderen Seite finden sich jene, die mit dem Blick auf verschlissene Produktionsanlagen, die enorme Belastung der Umwelt in einigen DDR-Regionen und den technologischen Rückstand des Landes davon reden, alles dort sei „Schrott" gewesen. Der nüchterne Blick zurück zeigt, dass beide Seiten durchaus Recht haben. Die DDR brachte mit Espenhain in Sachsen den am stärksten von Umweltverschmutzung belasteten Ort Deutschlands in die Einheit ein, mit der Region rund um den Stechlinsee in Brandenburg aber auch die sauberste. Ein ähnlicher Kontrast fand sich auch in der Wirtschaft. Der große Verschleiß in wichtigen Bereichen zeigte einerseits den enormen Investitions- und Modernisierungsbedarf in vielen Teilen der Wirtschaft. Andererseits fanden sich überall in der DDR „Inseln" moderner Produktion mit konkurrenzfähigen Erzeugnissen.

Der erste Chef des Verwaltungsrates und spätere Präsident der Treuhandanstalt Detlev Rohwedder schätzte im Februar 1990 den Wert der DDR-Wirtschaft auf etwa 600 Mrd. D-Mark.[22] Er bezog sich auf eher zweifelhafte Angaben der Modrow-Regierung, die das Betriebsvermögen der DDR-Wirtschaft auf 750 Mrd. DDR-Mark (zum Kurs 1:3 umgerechnet in 250 Mrd. D-Mark) schätzte, wozu noch ein Immobilienwert von über einer Billion DDR-Mark (in der gleichen Umrechnung also 350 Mrd. D-Mark) hinzukäme.[23]

Welcher wirtschaftliche Effekt damit unter den Bedingungen einer offenen Grenze tatsächlich noch erzielt werden konnte, zeigte sich bereits im 1. Halbjahr 1990. Damals ging die Industrieproduktion um sieben Prozent im Vergleich zum Vorjahreszeitraum zurück. Ende Juli 1990 waren in der DDR bereits 242000 Arbeitslose und 656000 Kurzarbeiter registriert und für 847000 weitere Beschäftigte war Kurzarbeit angemeldet.[24]

Für die Bundesregierung waren diese Entwicklungen nicht bedenklich. Im Gegenteil: Ein „tiefgreifender Umstellungsprozeß in allen Bereichen der Wirtschaft [sei] notwendig", könne nicht „ohne zeitweilige schmerzhafte Reibungsverluste (z. B. Schließung von Betrieben, zeitweilige hohe Arbeitslosigkeit) abgehen" und sei „auch nicht von heute auf morgen zu bewältigen. Wer dies zum Anlaß für Panikmache" nähme, zeige „nur seine Inkompetenz. Ähnliche Übergangserscheinungen" seien auch 1948 nach der Währungsreform in Westdeutschland beobachtet und „damals durch Soziale Marktwirtschaft mit investitionsfreundlichem Klima rasch überwunden" worden.[25]

Die Bundesregierung ignorierte dabei, dass 1948 mit der D-Mark eine nicht konvertierbare Währung eingeführt worden war, die junge Bundesrepublik ihren Außenhandel aber in US-Dollar abwickeln musste. Jeder Dollar, der für Importe benötigt wurde, musste also zunächst über eigene Exporte verdient werden. Die DDR, respektive die neuen Bundesländer, wurden im Kontrast dazu von Beginn an der vollen Konkurrenz des Weltmarktes ausgesetzt. Keine Devisenbewirtschaftung, keine Zollbestimmungen und keine eigene Steuerpolitik konnten Grenzen der wirtschaftlichen Öffnung markieren und den Übergang zur vollen Konkurrenz regulieren.

Das konnte die Bundesregierung unter den geschilderten politischen Umständen indes gar nicht mehr verhindern, wohl aber hätte sie die Effekte der bilanziellen Umstellungen von den Schlussrechnungen in DDR-Mark zu den Eröffnungsbilanzen der Unternehmen in D-Mark besser gestalten können. Viele Unternehmen gerieten nämlich mit der Währungsumstellung über Nacht in einen Status völliger Überschuldung: In der Zentralverwaltungswirtschaft der DDR hatten die Unternehmen einerseits den größten Anteil der von ihnen erwirtschafteten Gewinne an den Staatshaushalt abführen müssen; andererseits hatten sie von ihm – über staatliche Banken – Investitionsmittel in Form von Krediten zur Verfügung gestellt bekommen.

Innerhalb von Zentralverwaltungswirtschaften mit staatlichem Eigentum an den Unternehmen ist es unerheblich, zu welchem Teil der Staatswirtschaft die ausgegebenen Kredite zugeordnet sind: Schulden sind zwar jeweils von dem Glied der zentralwirtschaftlichen Kette zu tragen, bei dem sie verbucht sind, doch im Falle einer teilweisen oder vollen Zahlungsunfähigkeit des offiziellen Kreditnehmers tritt gesamtschuldnerisch der Staatshaushalt ein.

Mit der Einführung der D-Mark in der DDR am 1. Juli 1990 trat eine formaljuristische Trennung zwischen dem Staat und seinem Haushalt auf der einen Seite und den Unternehmen auf der anderen Seite in Kraft. Diese Trennung war damit verbunden, dass die Zuordnung der Schulden bei den Unternehmen nunmehr zum existenziellen Problem für diese werden musste. Das war Experten durchaus bewusst. Doch weder die letzte Regierung der DDR noch die bald übernehmende Bundesregierung zeigten Bereitschaft, der ostdeutschen Wirtschaft durch eine Entschuldung zulasten des Staates unter die Arme zu greifen.

Entsprechende Vorschläge hatten der langjährige Präsident der DDR-Staatsbank, Horst Kaminsky, und der Staatssekretär im DDR-Finanzministerium, Walter Siegert, bereits Ende Februar 1990 in der Volkskammer unterbreitet. Sie wurden jedoch nicht weiterverfolgt.[26] Die „Unklarheiten über [den] Vermögens- und Ertragsstatus sowie über Altlasten von DDR-Betrieben" erschwerten nach Einführung der D-Mark nun aber die „Beteiligung westlicher Firmen".[27]

Das Überschuldungsproblem wurde durch zwei weitere Umstände noch verschärft. Ähnlich wie bei den Spareinlagen der Bevölkerung, jedoch ohne günstigere Umstellungssätze für Teile der Guthaben, wurden zum einen Forderungen und Verbindlichkeiten der Unternehmen zum Kurs 2 DDR-Mark gegen 1 D-Mark umgestellt. Zum anderen wurden ihre Schlussbilanzen in DDR-Mark und ihre Eröffnungsbilanzen in D-Mark nach unterschiedlichen Maßstäben für den jeweiligen Kapitalstock – also den Gegenwert von Maschinen, Anlagen und Immobilien – bewertet. Maschinen und Anlagen schlugen in der DDR in der Regel im Vergleich zur Bundesrepublik deutlich stärker zu Buche, weil nicht Weltmarktpreise zugrunde gelegt wurden, sondern allein innerstaatliche, bei denen diverse Aufschläge zum Tragen gekommen waren. Dazu zählte vor allem der „Richtungskoeffizient", ein jährlich festgelegter Aufschlag in DDR-Mark bei der Abrechnung von Ex- und Importen in und aus westlichen Ländern, der importierte Maschinen und Anlagen künstlich in der Binnenabrechnung verteuerte und eigene Exportlieferungen zu sehr guten (Abrechnungs-) Preisen ermöglichte. Mithin musste der „Umtauschkurs" in den Bilanzen also erheblich von dem sonst angewandten 2 : 1-Satz abweichen. Schon allein deshalb konnten die D-Mark-Eröffnungsbilanzen der Unternehmen zum 1. Juli 1990 nicht aufgehen.

Die Investitionen in den Betrieben waren nur in geringem Maß durch Eigenmittel ermöglicht worden. Schon deshalb mussten ab 1. Juli 1990 viele Unternehmen als überschuldet angesehen werden. Je jünger der Kapitalstock in den Betrieben war, umso heftiger war dieses Problem. Je mehr Betriebe aber abgeschrieben und die Kredite für ihre Anschaffungen getilgt hatten, umso weniger war es bei ihnen wirksam. Nur bedeutete das, dass Unternehmen mit veraltetem Maschinenpark bilanziell besser dastanden als Firmen mit modernen Anlagen.

Diesem Problem kam die Treuhandanstalt, die gerade erst ihre Tätigkeit aufgenommen hatte und sich selbst noch im personellen Aufbau befand, zwar mit Liquiditätskrediten bei. Aber diese halfen den Unternehmen nur, die geforderte D-Mark-Eröffnungsbilanz zu erstellen. Am Grundproblem der realen und buchhalterischen Überschuldung änderte das nichts, doch es beeinflusste schon die Eröffnungsbilanz der Treuhand vom 1. Juli 1990.

Darin stellte sie auf der Aktivseite einen realen Vermögenswert der in den Unternehmen vorhandenen Maschinen, Anlagen und Immobilien von nur noch gut 311,2 Mrd. D-Mark fest, dem auf der Passivseite jedoch mehr als 520,5 Mrd. D-Mark als deren ursprünglicher Finanzierungsaufwand gegenüberstanden. Daher wies die Eröffnungsbilanz der Treuhand auf der Aktivseite bereits am Anfang einen Fehlbetrag von knapp 209,3 Mrd. D-Mark aus.[28] Mindestens diesen Betrag hätte man von Beginn an in den später ohnehin entstandenen Erblastentilgungsfonds umbuchen, die Unternehmen also weitgehend entschulden müssen.

Zudem bestand das Umlaufvermögen zu großen Teilen aus Vorräten (im Gegenwert von knapp 43,73 Mrd. D-Mark), Forderungen der Deutschen Kreditbank an Kunden (37,27 Mrd. D-Mark) und Lieferungen und Leistungen (12,7 Mrd. D-Mark), deren Nutzung (Vorräte) oder Eintreiben (Forderungen) unsicher waren. Sachanlagen machten demgegenüber nur etwa 61,35 Mrd. D-Mark aus.[29] Auch bei diesen Positionen wären spätere Zuordnungen zum Erblastentilgungsfonds realistisch gewesen, wenn Vorräte nicht genutzt, Forderungen nicht eingetrieben werden konnten und Sacheinlagen zu hoch bewertet worden waren. Erschwerend hinzu kamen die hohen Verbindlichkeiten (knapp 158,6 Mrd. D-Mark) und der hohe Rückstellungsbedarf (gut 333,24 Mrd. D-Mark) für die Neustrukturierung des Anteilsbesitzes der Treuhandanstalt, Übertragungs- und Entschädigungsansprüche, Wertausgleichsverpflichtungen, Zinsverpflichtungen, Pensionen und andere Rückstellungen.[30]

Dabei sollten, so die Einschätzung der Bundesregierung vom August 1990, die „eigentliche[n] Strukturanpassungen" erst „noch bevor[stehen]" (nicht überlebensfähige Industriebetriebe, Landwirtschaft, öffentliche Verwaltung)". Das Einnahmeproblem würde sich weiter verschärfen, aus dem sich bereits im Juli 1990 für eine „Reihe von DDR-Unternehmen auch [ein] bedrohlicher Liquiditätsengpaß" entwickelte. Bankkredite ständen zunächst noch nicht ausreichend zur Verfügung und die DDR-Staatsbank habe „zudem Kreditlinien gekappt".[31]

Sowohl ostdeutsche Unternehmen als auch viele DDR-Bürger bevorzugten nun Erzeugnisse höherer Qualität, besserer technischer Standards und/oder zu günstigeren Preisen aus westlicher Produktion: Noch 1989 waren DDR-Bürger bereit gewesen, notfalls jahrelang auf die Auslieferung eines Trabants oder Wartburgs zu warten. Doch jetzt fanden beide Autos kaum mehr Abnehmer. Bei anderen langlebigen Konsumgütern verhielt es sich nicht anders, und selbst die in der DDR verarbeiteten Lebensmittel sollten es wegen der Neugierde vieler Ostdeutscher auf westliche Erzeugnisse zunächst schwer haben. Diese Effekte zeigten sich in ähnlicher Weise auch in den Liefer- und Bezugsbeziehungen der Unternehmen: preislich günstigere und qualitativ hochwertigere Güter wurden von außerhalb bezogen, während der Absatz eigener Waren ins Stocken geriet.

Nicht von ungefähr kam es daher 1990 und 1991 zu einem erheblichen Rückgang des ostdeutschen Bruttoinlandprodukts: Verglichen mit dem Wert für 1989 ging es bis 1991 um 23,5 Prozent zurück, übertraf jedoch 1995 schon wieder den Wert von 1989.[32] Besonders stark waren dabei die Rückgänge im gesamten produzierenden Gewerbe (durchgängig bis ins Jahr 2000), im Baugewerbe, im Handel, Gastgewerbe und Verkehrswesen (vor allem zu Beginn der 1990er Jahre; siehe Grafik, S. 28).[33]

Der Rückgang der Wirtschaftsleistung war mit einer massiven Entlassungswelle verbunden, von der seit der Währungsunion alle Bereiche der Wirtschaft betroffen sein sollten. Ende 1990 waren fast 2,5 Millionen Ostdeutsche arbeitslos, befanden sich (umgerechnet in Vollzeitäquivalente) in Kurzarbeit, nahmen an Weiterbildungs- oder Arbeitsbeschaffungsmaßnahmen teil. Im Herbst 1991 waren es sogar etwa 3,25 Millionen.[34] Das Thema Arbeitslosig-

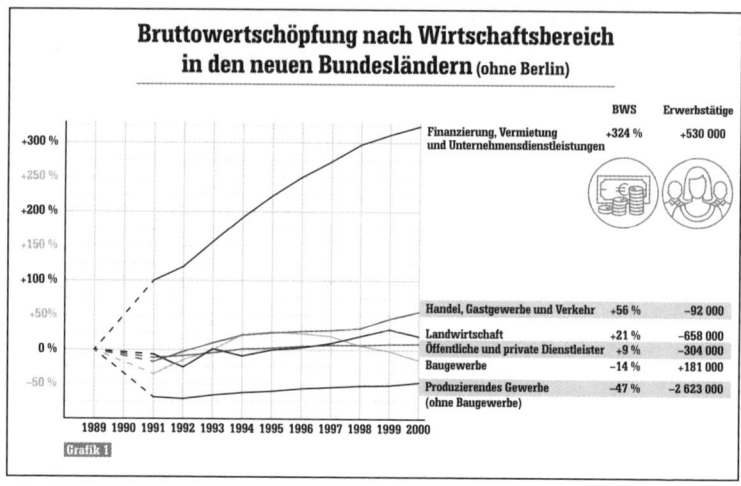

Bruttowertschöpfung nach Wirtschaftsbereich in den neuen Bundesländern (ohne Berlin)

	BWS	Erwerbstätige
Finanzierung, Vermietung und Unternehmensdienstleistungen	+324 %	+530 000
Handel, Gastgewerbe und Verkehr	+56 %	–92 000
Landwirtschaft	+21 %	–658 000
Öffentliche und private Dienstleister	+9 %	–304 000
Baugewerbe	–14 %	+181 000
Produzierendes Gewerbe (ohne Baugewerbe)	–47 %	–2 623 000

1989 1990 1991 1992 1993 1994 1995 1996 1997 1998 1999 2000

Grafik 1

keit hielt die neuen Bundesländer während der gesamten 1990er Jahre – und darüber hinaus – im Griff. Anfangs war jeder zehnte Erwerbsfähige davon betroffen, dann bis zur Mitte des Jahrzehnts jeder sechste und danach, bis 2005, sogar etwa jeder fünfte.[35]

Die deshalb eingetretene starke Belastung der öffentlichen Haushalte untermauert die These, dass eine frühzeitige (wenigstens teilweise) Entschuldung der Unternehmen zulasten des Staates deren Übergang in die Marktwirtschaft erleichtert und ggf. Arbeitslosigkeit vermieden oder verkürzt hätte.

Das wurde indes von der Bundesregierung ausdrücklich abgelehnt, auch im Nachhinein, wie ihre Antwort auf eine parlamentarische Anfrage von Bündnis90/Die Grünen aus dem Jahre 1996 belegt: „Die deutsch-deutsche Währungsunion von 1990 hat zu keiner Neubegründung von Schuldverhältnissen geführt. Vielmehr wurden die bestehenden Kreditverhältnisse lediglich von Mark der DDR auf Deutsche Mark umgestellt."[36]

In der DDR hatten die Betriebe den größten Teil ihrer Gewinne (bis zu 94 Prozent) an den Staatshaushalt abführen müssen. Das erfolgte in Form von verschiedenen Zahlungen. Zum Ersten war das die „produktgebundene Abgabe", die – allerdings in Form eines individuell für jedes Produkt festgelegten Geldbetrages – mit der Mehrwertsteuer vergleichbar ist. Zum Zweiten war eine „Produktionsfondsabgabe" abzuführen, die 1988 eine Summe von 30 Mrd. DDR-Mark (mithin etwa 11 Prozent der Staatseinnahmen) ausmachte und wie eine Vermögenssteuer zu betrachten ist.[37] Zum Dritten wurde eine „Nettogewinnabführung" festgelegt, die dem Staatshaushalt 1988 etwa 43,5 Mrd. DDR-Mark einbrachte (knapp 16 Prozent der Staatseinnahmen). Sie variierte von Betrieb zu Betrieb, ist aber durchaus mit der Körperschaftssteuer vergleichbar. Schließlich wurde, zum Vierten, Mitte der 1980er Jahre noch ein „Beitrag für gesellschaftliche Fonds" eingeführt, eine Art Lohnsummensteuer, die 70 Prozent der in den Unternehmen gezahlten Lohnsumme entsprach. Die Löhne wurden demnach zweimal besteuert, zum einen bei den Lohnempfängern selbst, zum anderen bei den Unternehmen mit der gesonderten Lohnsummensteuer.

All diese Abführungen hatten noch eine weitere Wirkung: „Durch die Abführung von produktgebundenen Abgaben (PA) und Produktionsfondsabgaben (PFA) an den Staatshaushalt sowie durch beauflagte Nettogewinnabführungen wurde der größte Teil des in den Wirtschaftseinheiten erarbeiteten Mehrprodukts im Staatshaushalt als sog. ‚zentralisiertes Reineinkommen' konzentriert. Eigenverantwortung und Finanzkraft der Wirtschaftseinheiten blieben entsprechend beschränkt."[38]

Sie wären größer gewesen, wenn etwa die in der Bundesrepublik geltende Gewinnbesteuerung zur Grundlage genommen worden wäre. Sie betrug dort bis 1990 für einbehaltene Gewinne 56 Prozent und für ausgeschüttete 36 Prozent.[39] Selbst bei einem Verzicht auf die Ausschüttung und bei Beibehaltung und Anrechnung von betrieblichen Pflichten zur

Finanzierung von Kultur- und Sozialfonds für ihre Beschäftigten, hätte der gesamte Abführungssatz in der DDR im Nachhinein deutlich niedriger angesetzt werden können. Das hätte wiederum bedeutet: Betriebe, die ihre Investitionen in der Vergangenheit zum großen Teil aus Eigenmitteln finanzieren konnten, müssten als weit weniger verschuldet eingestuft werden.

Die Gewinnabführungen an den Staatshaushalt der DDR waren außerdem so hoch, dass die meisten Entscheidungen über Investitionen in Unternehmen immer nur aus der Zentrale heraus getroffen wurden. Das führte dazu, dass der Kapitalstock in den Betrieben nicht nur veraltet, sondern sogar dem Verschleiß ausgesetzt wurde (siehe Grafik).

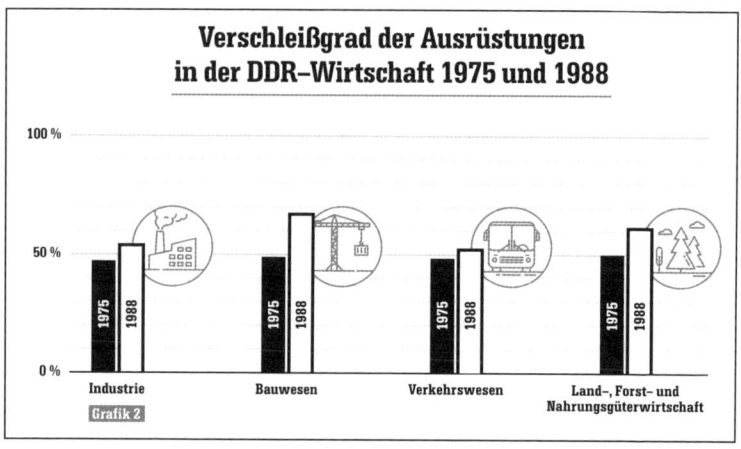

Verschleißgrad der Ausrüstungen in der DDR-Wirtschaft 1975 und 1988

100 %

50 %

0 %

| Industrie | Bauwesen | Verkehrswesen | Land-, Forst- und Nahrungsgüterwirtschaft |

Grafik 2

Die Entschuldung der einzelnen Unternehmen sollte erst im Rahmen ihrer Privatisierung stattfinden. In diesem Kontext muss man sich fragen, inwieweit diese Verzögerung der Entschuldung die für viele ostdeutsche Firmen ohnehin schwierige Konkurrenzsituation weiter verschärft hat oder inwieweit sie die Unternehmen sogar in den Konkurs treiben musste.

Obwohl die neuen Bundesländer ihr Bruttoinlandprodukt schneller als die anderen Transformationsländer in Mittel-

und Osteuropa wieder steigern und das Vorwendeniveau eher wieder erreichen konnten, hat der besondere – und in keinem anderen Transformationsgebiet gegangene Weg – enorme Verwerfungen in Wirtschaft und Gesellschaft hervorgerufen, an denen die deutsche Politik immer noch laboriert.

Anmerkungen

1 Grundgesetz für die Bundesrepublik Deutschland vom 23. Mai 1949, Präambel. http://www.documentarchiv.de/brd/1949/grundgesetz. html (25. Oktober 2019).

2 Neues Deutschland, Störungen der Volksfeste verhindert, 9. Oktober 1989.

3 Vgl. Neubert, Ehrhart: Unsere Revolution. Die Geschichte der Jahre 1989/90. München/Zürich 2008. S. 100–110. Vgl. Wikipedia, Friedliche Revolution (Leipzig), https://de.wikipedia.org/wiki/Friedliche_Revolution_(Leipzig) (28. Oktober 2019).

4 Vgl. Judt, Matthias: Gohlis 1989: Von Flugblättern und Friedensgebeten. http://www.gohlis.info/ortslexikon-gohlis/ (28. Oktober 2019).

5 Vgl. Naumann, Gerd: Plauen im Herbst 1989. http://hof-plauen-89.de/plauen-1989/ (4. Januar 2020).

6 Vgl. Schürer, Gerhard/Beil, Gerhard/Schalck, Alexander et al.: Analyse der ökonomischen Lage der DDR mit Schlußfolgerungen, Vorlage für das Politbüro des Zentralkomitees der SED, 30.10.1989. http://www.chronik-der-mauer.de/material/178898/sed-politbuerovorlage-analyse-der-oekonomischen-lage-der-ddr-mit-schlussfolgerungen-30-oktober-1989 (21. Oktober 2019).

7 Vgl. Deutsche Bundesbank, Die Zahlungsbilanz der ehemaligen DDR 1975 bis 1989, Frankfurt/Main 1999, S. 60.

8 Vgl. Schürer/Beil/Schalck et al.: Analyse der ökonomischen Lage. http://www.chronik-der-mauer.de/material/178898/sed-politbuero vorlage-analyse-der-oekonomischen-lage-der-ddr-mit-schlussfolgerungen-30-oktober-1989 (21. Oktober 2019).

9 Vgl. ebd.

10 Ausführlich dazu siehe Judt, Matthias: Der Bereich Kommerzielle Koordinierung. Das Wirtschaftsimperium des Alexander Schalck-Golodkowski – Mythos und Realität. Berlin 2013. S. 131–174.

11 Zusammengetragen und berechnet nach Heske, Gerhard: Volkswirtschaftliche Gesamtrechnung DDR 1950–1989: Daten, Methoden, Vergleiche. In: Historical Social Research. Supplement 21, 2009. Köln 2009. S. 249 (Tabelle 1.1 B) und S. 250f. (Tabelle 1.2).

12 Berechnet nach ebd. S. 249 (Tabelle 1.1 B). Angaben zu den Flüchtlings-

zahlen: Vgl. Judt, Matthias: Deutschland- und Außenpolitik. In: DDR-Geschichte in Dokumenten. Beschlüsse, Berichte, interne Materialien und Alltagszeugnisse. Hg. von Matthias Judt. Berlin 1997 und Bonn 1998. S. 493–558, hier S. 546.

13 Zusammengetragen und berechnet nach Heske: Volkswirtschaftliche Gesamtrechnung. S. 267 (Tabelle 2.1) und 268 f. (Tabelle 2.2).

14 Vgl. ebd. S. 302 (Tabelle 4.1).

15 Vgl. ebd.

16 Einen guten Vergleich just für das Jahr 1990 findet man in Schmieding, Holger: Die ostdeutsche Wirtschaftskrise: Ursachen und Lösungsstrategien. Anmerkungen im Lichte der westdeutschen Erfahrungen von 1948 und des polnischen Beispiels von 1990. In: Kiel Working Paper, No. 461, Kiel 1991.

17 Vgl. Judt: Kommerzielle Koordinierung. S. 78–85 und insbesondere S. 206–216.

18 Vgl. Schürer/Beil/Schalck et al.: Analyse der ökonomischen Lage. http://www.chronik-der-mauer.de/material/178898/sed-politbuero vorlage-analyse-der-oekonomischen-lage-der-ddr-mit-schlussfolgerun gen-30-oktober-1989 (21. Oktober 2019).

19 Vgl. ebd.

20 Vgl. ebd.

21 Vgl. Judt: Kommerzielle Koordinierung. S. 131–174.

22 Vgl. Fockenbrock, Dieter: Handelsblatt, Treuhand – Ein Ding der Unmöglichkeit. https://www.handelsblatt.com/archiv/60-jahre-deut sche-wirtschaftsgeschichte-treuhand-ein-ding-der-unmoeglichkeit/ 2691746.html?ticket=ST-34936460-ck50yqBiqtMJlucTp6Uh-ap3 (8. November 2019).

23 Vgl. Der Spiegel, Dann ist der Ofen aus, 29.10.1990.

24 Vgl. Rundschreiben des Staatssekretärs Schlecht an die Mitglieder des Kabinettsausschusses Deutsche Einheit (vom 9. August 1990) mit Bericht „Zur wirtschaftlichen Situation in der DDR. Stand: 8. August 1990". In: Dokumente zur Deutschlandpolitik. Deutsche Einheit. Sonderedition aus den Akten des Bundeskanzleramtes 1989/90. Hg. vom Bundesministerium des Innern unter Mitwirkung des Bundesarchivs, bearbeitet von Hanns Jürgen Küsters und Daniel Hofmann. München 1998. S. 1458–1461, hier S. 1459.

25 Alle: ebd., S. 1458.

26 Vgl. Walter Siegert – Situation der DDR-Wirtschaft. https://vimeo. com/150792279 (17. Oktober 2019).

27 Rundschreiben des Staatssekretärs Schlecht, S. 1460.

28 Vgl. Treuhandanstalt, DM-Eröffnungsbilanz zum 1. Juli 1990. Berlin 1992. Hier Anhang, S. 35–42.

29 Vgl. ebd.

30 Berechnet nach ebd.

31 Alle: Rundschreiben des Staatssekretärs Schlecht. S. 1459.

32 Berechnet nach Heske: Volkswirtschaftliche Gesamtrechnung. S. 90 (Tabelle 41).
33 Vgl. ebd. S. 90 (Tabelle 42).
34 Vgl. Brenke, Karl: Die Jahre 1989 und 1990: Das wirtschaftliche Desaster der DDR – schleichender Niedergang und Schocktherapie. In: Vierteljahreshefte zur Wirtschaftsforschung 78, 2009, 2. Berlin. S. 18–31, hier S. 28 (Abbildung 2).
35 Zusammengetragen und berechnet nach Booth, Melanie: Die Entwicklung der Arbeitslosigkeit in Deutschland. Veröffentlicht von der Bundeszentrale für politische Bildung. Bonn 2010.
36 Deutscher Bundestag: Drucksache 13/5064 vom 26.06.1996. Antwort der Bundesregierung auf die Große Anfrage der Abgeordneten Werner Schulz (Berlin), Franziska Eichstädt-Bohlig, Steffi Lemke, Oswald Metzger und der Fraktion Bündnis 90/Die Grünen – Drucksache 13/3264. Die Entstehung der sogenannten Altschulden in der DDR und ihre Abwicklung durch die Bundesregierung. http://dipbt.bundestag.de/dip21/btd/13/050/1305064.asc (21. Oktober 2019).
37 Vgl. Hunstock, Diethelm: Die Nutzung der Geld-, Finanz- und Kreditpolitik zur Wachstumssteuerung und Gleichgewichtssicherung. In: Wissenschaftliche Zeitschrift der Hochschule für Ökonomie (Berlin-Ost), 2/1990, S. 16. Zitiert nach Miller, Dietrich: Zur Wert- und Kostentheorie des realen Sozialismus und ihrer Praxis in der Wirtschaft der DDR. http://www.bpb.de/geschichte/zeitgeschichte/deutschland archiv/54064/zur-wert-und-kostentheorie?p=all (21. Oktober 2019).
38 Ebd.
39 Vgl. Skript Grundzüge Finanzwissenschaft: Die Körperschaftsteuer in der Finanzwissenschaft. http://www.finanzwissenschaft.org/Finanz wissenschaft-Koerperschaftsteuer.html (21. Dezember 2019).

2 Die Spuren der Treuhand

Michael Graupner

Der Beschluss der DDR-Regierung vom 1. März 1990 klang nach einer bürokratischen Formalie: Eine „Anstalt zur treuhänderischen Verwaltung des Volkseigentums" sollte für eine „Umwandlung von volkseigenen Kombinaten, Betrieben und Einrichtungen in Kapitalgesellschaften" sorgen.[1] Erst in den folgenden Monaten und Jahren zeigte sich, welche Bedeutung diese Entscheidung hatte.

Die Idee, eine Treuhandanstalt zur „Verwaltung des Volkseigentums" einzusetzen, war von Oppositionellen am sogenannten Runden Tisch eingebracht worden. Dabei war im März noch völlig unklar, wie diese Umwandlung erfolgen sollte. Für Klarheit sorgten erst das Treuhandgesetz vom Juni und die Währungsreform vom Juli 1990. Schlagartig waren der Treuhandanstalt gut 8 500 DDR-Betriebe mit mehr als 4 Millionen Arbeitnehmern unterstellt. Die Aufgabe der Treuhand war es nun, diese Betriebe in die Marktwirtschaft zu führen.

Konkret bedeutete das: Die Behörde musste darüber abwägen, ob sie ein Unternehmen bei diesem Schritt unterstützen sollte oder nicht. Ihre Entscheidungen hatten nicht nur unmittelbare Folgen für die einzelnen Unternehmen, sondern auch für ganze Regionen und somit für Millionen von Menschen. Die tausendfach getroffenen Entscheidungen der Treuhand nachzuvollziehen und zu bewerten, ist für Historiker noch 30 Jahre nach ihrer Gründung eine schwierige Aufgabe. Dennoch soll dieser Prozess auf den folgenden Seiten für zumindest zehn Beispiele umrissen werden, die vom großen Maschinenkombinat bis zum mittelständischen Betrieb reichen.

Die Auswahl steckt sowohl die Bandbreite der DDR-Unternehmen als auch der Treuhand-Abwägungen ab. Sie erfolgte zudem anhand thematischer Aspekte: Wie gingen deutsche und ausländische Investoren in den neuen Bundesländern vor? Wie bewerteten externe Berater die DDR-Betriebe? Warum kauften ehemalige DDR-Bürger ihre eigenen Betriebe über ein Management-Buy-out? Welchen Einfluss hatten die zahlreichen Proteste gegen die Maßnahmen der Treuhand auf wirtschaftliche und politische Entscheidungsträger?

Über allem standen jedoch zwei Fragen: Wie traf die Treuhand ihre Entscheidungen? Und welche Auswirkungen hatten sie? Die untersuchten Einzelfälle nähern sich diesen Fragen von verschiedenen Seiten aus an. Dass es sich dabei weder um vollständige noch um abschließende Analysen handeln kann, liegt neben der kurzen und bündigen Textform auch daran, dass die schiere Masse des Aktenbestandes nur mit großem Aufwand und viel Zeit zu sichten ist. Da weite Teile der Treuhand-Akten erst seit Kurzem im Bundesarchiv einsehbar sind, hat die Auswertung des Bestandes gerade erst ihren Anfang genommen. In einigen Fallbeispielen konnte schon auf den Bestand zurückgegriffen werden. Es wird jedoch noch Jahre dauern, bis die Spuren der Treuhand vollständig sichtbar werden.

Ein Fotomodell für Firmenabwicklungen
Wie die Treuhand den Dresdner Kamerahersteller Pentacon zum Präzedenzfall machte

Am 2. Oktober 1990, dem letzten Tag der Deutschen Demokratischen Republik, überreichte die Treuhandanstalt den Mitarbeitern des Dresdner Kameraherstellers Pentacon ein unwürdiges Abschiedsgeschenk: Sie teilte den gut 5 000 Angestellten mit, dass der Betrieb geschlossen werden muss.[2]

Am Nachmittag hieß es dann in einer Pressemitteilung: „Als Ergebnis umfangreicher Marktanalysen und Recherchen muß akzeptiert werden, daß gegen eine überwältigende Konkurrenz aus Ostasien auch in längerer Zeit und bei Einsatz erheblicher Mittel eine Wettbewerbsfähigkeit nicht erreicht werden kann."[3] Am Abend verkündete Bundeskanzler Helmut Kohl in einer Fernsehansprache anlässlich der bevorstehenden Wiedervereinigung: „Die wirtschaftlichen Voraussetzungen in der Bundesrepublik sind heute ausgezeichnet. Noch nie waren wir besser vorbereitet als jetzt, die wirtschaftlichen Aufgaben der Wiedervereinigung zu meistern."[4]

Der Fall Pentacon gleich zu Beginn der deutschen Einheit zeigte, dass die wirtschaftlichen Voraussetzungen nur in einem Teil der neuen Bundesrepublik ausgezeichnet waren. Er ließ darauf schließen, dass die Treuhandanstalt wei-

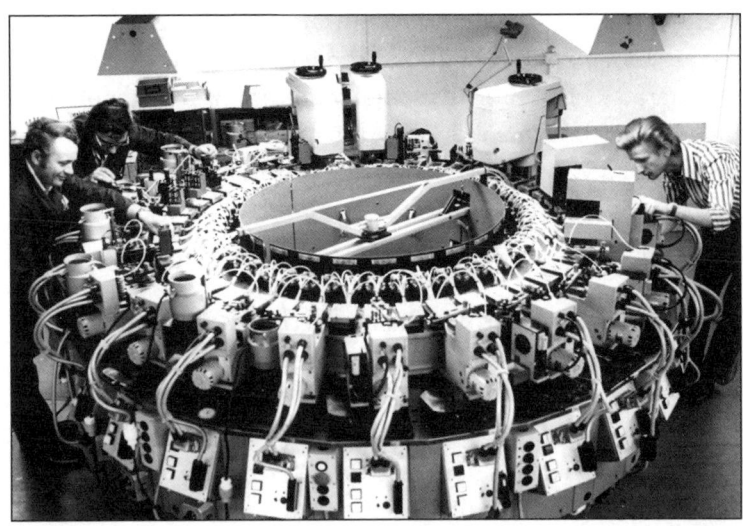

1976: „Sechs Monate vorfristig wurde von den Werktätigen des Kombinates VEB Pentacon Dresden ein neuer Fügeautomat für Verschlußlamellenbaugruppen in Betrieb genommen. Die Anlage wurde im Betrieb konstruiert und im eigenen Rationalisierungsmittelbau hergestellt." (Quelle: BArch, Bild 183-R0513-0024/Foto: Ulrich Häßler)

tere schmerzhafte Maßnahmen treffen werden müsse. Er demonstrierte aber auch, dass die Berliner Behörde über wenig Fingerspitzengefühl bei der Verkündung von Betriebsschließungen verfügte. Denn dass die gut 5000 Pentacon-Beschäftigten die Feierlichkeiten vor dem Reichstag am Fernseher glücklich mitverfolgten, darf bezweifelt werden.

Die Enttäuschung der Mitarbeiter war nachvollziehbar. Im April 1990 hatte Betriebsdirektor Gunter Schulzki noch die Vorzüge des Unternehmens aufgezählt, mit denen man auch in der Marktwirtschaft bestehen wollte: „Wir sind in der glücklichen Lage, auf langjährige Traditionen, hochqualifiziertes Fachpersonal sowie auf den international geachteten Markennamen Praktica zurückgreifen zu können."[5]

Schulzki spielte auf die 150-jährige Geschichte der Produktion von Fotoapparaten in Dresden an. Schon 1936 wurde in dem Dresdner Unternehmen Zeiss Ikon die erste einäugige Spiegelreflexkamera entwickelt.[6] In der DDR wurde diese Tradition fortgesetzt, ab 1964 im VEB Pentacon Dresden, später als Teil des VEB Carl Zeiss Jena. Von den produzierten Kameramodellen war die Praktica das bekannteste, nicht nur in der DDR. Die Praktica hatte Ende der 1980er Jahre einen Weltmarktanteil an Spiegelreflexkameras von gut zehn Prozent.[7] 1989 wurden 350000 Prakticas in Dresden entwickelt, mehr als die Hälfte davon ging in den Westen.[8]

Was nach guten Startbedingungen für das neue Wirtschaftssystem klang, war letztlich aber eine optische Täuschung: Eine Spiegelreflexkamera der Praktica-Reihe hatte etwa 800 Teile. 90 Prozent davon wurden in 58 verschiedenen Fabriken produziert.[9] Das war ineffizient und kostenintensiv. Die Herstellung der technisch veralteten Spiegelreflexkamera kostete 1000 DDR-Mark pro Stück – sie wurde aber für 200 D-Mark im Westen verkauft. Um die Kameras aus Dresden international zu einer geachteten Marke zu machen, musste die DDR sie stark subventionieren.[10] Die Treuhand urteilte später, dass die Position am westeuropäischen Markt nur mit „Dumpingpreisen unter Produktionskosten erreicht werden" konnte.[11] Die Praktica, so Treuhandsprecher Wolf Schöde im Oktober 1990, sei mehr eine „Devisenbeschaffungsmaschine" als ein Fotoapparat gewesen.[12]

Doch als Devisenbeschaffungsmaschine fiel die Praktica mit der Währungs-, Wirtschafts- und Sozialunion am 1. Juli 1990 aus. Fortan machte das Dresdner Unternehmen täglich 500 000 D-Mark Verlust.[13] Die Pentacon-Kameras hätten erneuert und zu viel höheren Kosten produziert und verkauft werden müssen. Das Unternehmen erkannte diese Misere und wollte sich sanieren. Betriebsdirektor Schulzki holte sich sogar Expertise vom westdeutschen Berater Klaus Höfer und einem österreichischen Technologieunternehmen ins Haus. Sie erstellten ein Sanierungskonzept: Bis Ende des Jahres sollte eine neue Spiegelreflexkamera entwickelt sowie Produktionsabläufe optimiert und 4 000 Arbeitsplätze abgebaut werden.[14]

Damit wollte man die Treuhand überzeugen, die dringend benötigten finanziellen Zuschüsse zu gewähren. Aber die Treuhand lehnte ab. Bereits am 10. Juli hatte sie sich mit dem Bundesfinanz- und dem Bundeswirtschaftsministerium auf eine Liste von 66 Unternehmen geeinigt, die als „hochgradig konkursgefährdet" eingestuft werden müssten und die man daher „umgehend stilllegen" wolle.[15] Das größte dieser Unternehmen war die Pentacon Dresden GmbH.

Daran änderte auch das Sanierungskonzept nichts mehr. Die Treuhand gewährte Ende Juli nur 41 Prozent der beantragten Kreditsumme von 108 Millionen D-Mark. Das bedeutete für 5 500 von 5 700 Beschäftigten Kurzarbeit.[16] Auch für den Monat August handelte die Behörde ähnlich. Unternehmensberater Höfer meinte, die Finanzspritzen für Pentacon seien nichts anderes als ein „halber Rettungsring für einen Ertrinkenden".[17]

Bald sollte nicht mal mehr ein Seil geworfen werden: Am 30. August 1990 tagte zum ersten Mal der Leitungsausschuss. Das Gremium bewertete DDR-Unternehmen für die Treuhand und sprach Empfehlungen für deren Zukunft aus. Als erster Tagespunkt wurde in der Sitzung über Pentacon gesprochen. Das Sanierungskonzept sei „nicht tragfähig und führt zu dauerhaften Verlusten im Kamerabereich". Daher wurde das Unternehmen als „nicht sanierungswürdig und sanierungsfähig" eingestuft.[18]

Warum die Treuhand die stille Liquidation Pentacons ausgerechnet auf den Vortag der deutschen Einheit legte, lässt sich im Rückblick nicht eindeutig feststellen. Den Stand auf der Photokina, der größten Fotomesse der Welt, die am 3. Oktober in Köln begann, konnte Pentacon nur noch notdürftig besetzen. Dabei waren die Flyer schon gedruckt: Abgebildet war ein Heißluftballon, auf dem eine Praktica-Kamera schwebte. „Aufsteiger Practica [sic!]", lautete der hoffnungsvolle Wahlspruch.[19]

Mit Pentacon hatte die Treuhand ihren eigenen „Testballon" geschaffen.[20] Mit dieser ersten Entscheidung zur Stilllegung eines großen, aber wirtschaftlich hoffnungslosen Unternehmens und den daraus resultierenden Massenentlassungen wollte sie die Reaktion von Arbeitnehmern und Öffentlichkeit testen. Mit dem „Modell Pentacon", wie die Treuhand die Schließung fortan bezeichnete,[21] legte die Treuhand einen Grundstein für zukünftige Unternehmensschließungen und die dafür eingesetzten Maßnahmen. In den nächsten fünf Jahren sollten noch Tausende Fälle dieser Art folgen.

Auch der Umgang mit den Mitarbeitern war modellhaft: Die Treuhand gründete zusammen mit dem Dresdner Arbeitsamt und der sächsischen Landesregierung ein „Qualifizierungszentrum Pentacon". Es bot allen ehemaligen Pentacon-Beschäftigten Fortbildungslehrgänge, Orientierungsseminare und Existenzgründungsprogramme an.[22]

Der von der Treuhand für die Liquidation eingesetzte Heidelberger Rechtsanwalt Jobst Wellensiek versuchte von dem Unternehmen noch zu retten, was zu retten war. Die Suche nach neuen Partnern sei mit der Suche nach einem „weißen Elefanten" zu vergleichen, beklagte er. Doch die Belegschaft setzte auf den Heidelberger Rechtsanwalt: „Sie sagen, sie haben Vertrauen zu mir [...]. Das ist ja das Schlimme."[23] Wellensiek konnte zumindest ein paar Elefanten finden: So verkaufte er den Markennamen „Praktica" und engagierte Käufer für einige Pentacon-Betriebsteile.

Einen Teil des Betriebes, und mit ihm 200 Mitarbeiter, übernahm im Frühjahr 1991 das Berliner Unternehmen Beroflex AG. Sein Inhaber hatte vor dem Mauerfall die Praktica-Kamera in der Bundesrepublik vertrieben. Außerdem siedelten sich vier neue Unternehmen auf dem Betriebsgelände an. 1997 entstand sogar eine neue Pentacon GmbH, die die Produktion der Praktica-Kamera wieder aufnahm.[24] 2015 war es dann endgültig mit der Dresdner Kameratradition vorbei. Das Unternehmen aber besteht bis heute und verarbeitet Metalle und Kunststoffe.

Schlammschlacht um die Interhotels
Wie die Treuhand ihr größtes Stück Kuchen verteilen wollte

Sogar Pullover hatten sie schon anfertigen lassen: „Steigenberger Interhotel – come together" stand darauf.[25] Zusammen gekommen waren im Sommer 1990 eine Hotelkette aus der Bundesrepublik und die größte Hotelkette der DDR. Gemeinsam wären sie der mit Abstand größte Hotelkonzern der neuen Bundesrepublik geworden. Doch die Treuhand wollte genau das verhindern.

Die Privatisierung der Interhotels sollte das erste „große Lehrstück" der Treuhand werden, hatte Detlev Rohwedder Ende Juli 1990 gesagt: „Was wir hier falsch machen, wird

1965: „Das neue repräsentative Hotel ‚Deutschland', es verfügt über 436 Betten, steht am Karl-Marx-Platz im Leipziger Stadtzentrum." (Quelle: BArch, Bild 183-D0227-0001-034/Foto: Klaus Franke)

uns über die nächsten 20, 30 Jahre begleiten."[26] Das bezog er auf den am 24. Juli geschlossenen Vertrag zwischen Steigenberger und den Interhotels, den Rohwedder rückgängig machen wollte. Aus dem großen Lehrstück drohte eine Schlammschlacht zu werden.

Die VEB Interhotel DDR war 1965 gegründet worden. Jahr für Jahr hatte sie die DDR-Landkarte mit Hotels der gehobenen Klasse bestückt. 34 Interhotels gab es im Jahr 1990 zwischen Ostseeküste und Thüringer Wald. Die meisten der über 10 000 Hotelzimmer und 15 000 Hotelbetten waren in den großen Städten wie Berlin und Leipzig gelegen. Die Fünf-Sterne-Hotels, etwa das Grand Hotel in der Berliner Friedrichstraße, wurden überwiegend von Gästen aus dem nicht sozialistischen Wirtschaftsgebiet gebucht. Die Gäste der Vier- und Drei-Sterne-Hotels kamen vor allem aus der DDR sowie ihren sozialistischen Bruderstaaten. Das alles machte die Interhotels zu einem „Haupteinsatzgebiet" des Ministeriums für Staatssicherheit, so Der Spiegel. Inoffizielle Mitarbeiter gingen dort ein und aus, in der Regel, um sich zu konspirativen Treffen zu verabreden oder Gäste auszuspionieren.[27] Trotz eines Umsatzes von umgerechnet 1,2 Milliarden D-Mark und eines Gewinns von 400 Millionen D-Mark waren viele Hotels in einem schlechten Zustand und bedurften einer Renovierung. Am 1. März 1990 wurde aus dem VEB Interhotel DDR eine Aktiengesellschaft. Fortan hielt die Treuhandanstalt 100 Prozent an der Deutschen Interhotel AG. Nach eigenen Angaben belegte die Interhotel AG den 52. Platz unter den weltweit 200 registrierten Hotelketten.[28] Nach der Umwandlung hatte sie weiterhin eine monopolartige Stellung auf der Hotellandkarte der noch existierenden DDR inne. So war es wenig verwunderlich, dass die westdeutschen Hotelketten früh ein Auge auf die Interhotels warfen. Bereits im Frühjahr 1990 versuchte es als Erstes die Steigenberger-Gruppe und rannte bei der Interhotel AG offene Hoteltüren ein.[29]

Am 19. Juli gründeten beide Gruppen die Steigenberger-Interhotel GmbH, bei der sie jeweils mit 50 Prozent beteiligt waren.[30] Hellmut Fröhlich, Vorstandsvorsitzender der Interhotel AG, freute sich über den Zusammenschluss: „Durch die Partnerschaft werden Steigenberger und Interhotels einheitlich und gemeinsam auf dem Markt auftreten." Er erhoffte sich einen „gegenseitigen Know-How-Transfer".[31] Wenige Tage später, am 24. Juli, schloss man gar die Pachtverträge für alle Interhotels ab. Anwesend bei der Vertragsunterzeichnung waren auch zwei Bevollmächtigte der Treuhand, die den Deal billigten.[32] So hätte diese erste große Übernahme eines DDR-Betriebes relativ geräuschlos vonstattengehen können.

Doch die Treuhand-Spitze widersetzte sich der Abmachung: „Wir können niemandem unter die Augen treten, wenn wir das akzeptieren", sagte Detlev Rohwedder, ab 1. September Präsident der Treuhandanstalt.[33] Rohwedder und sein Vorgänger Reiner Gohlke sahen die Treuhand massiv durch den Steigenberger-Deal benachteiligt.[34] Die beiden Bevollmächtigten, die während der Vertragsverhandlungen anwesend waren, hätten gegen den Willen der Behörde gehandelt. In den ausgehandelten Verträgen seien die Pachtzinsen für die Hotels, die Steigenberger zahlen müsste, viel zu niedrig angesetzt. Und sie widersprachen Rohwedders Plänen: Er wollte die Interhotels zerschlagen, internationale Investoren anlocken und so möglichst viel Gewinn erwirtschaften: „Wir sind nicht bereit, eine oder zwei Milliarden Mark des uns anvertrauten Vermögens uns einfach durch die Finger gleiten zu lassen."[35] Er kündigte die Entlassung Hellmut Fröhlichs an. Dieser habe gegen die Treuhand-Anweisung gehandelt, die Pachtverträge nicht zu schließen.[36]

Als die Treuhand die Verträge rückgängig machen wollte, stieß sie jedoch auf Gegenwind bei Steigenberger und den 13 000 Interhotel-Mitarbeitern. 200 von ihnen legten am 12. September 1990 den Verkehr am Alexanderplatz lahm und besetzten die Räume des dort befindlichen Präsidiums der Treuhandanstalt.[37] Sie fürchteten um ihre Arbeitsplätze, wenn die Treuhand den Plan mit Steigenberger nicht billigen und die Interhotels zerschlagen würde. Die Treuhand wolle „nur die Perlen verkaufen, um schnell Geld in die leeren Kassen zu bekommen", hieß es von Gewerkschaftsvertretern. Der Gesamtbetriebsratsvorsitzende der Interhotel AG, Lutz Immig, sagte über die Verhandlungen mit der Treuhand: „Als DDR-Arbeitnehmer sind wir nicht gewöhnt, mit den Vertretern des Kapitals am Verhandlungstisch zu sitzen. Nach den ersten Erfahrungen sind wir enttäuscht und verbittert über den unseriösen Stil."[38]

Auch Hellmut Fröhlich musste weiterhin um seinen Arbeitsplatz fürchten. Die Treuhand hatte schon einen neuen Vorstandsvorsitzenden berufen, doch Fröhlich wehrte sich gegen seine Abberufung: „Jetzt wird nur noch mit Dreck nach uns und nach mir geworfen."[39] Am 16. Oktober wurde er endgültig abberufen. Dennoch weigerte sich Steigenberger, mit der Treuhand in Verhandlungen zu treten. Sie solle ihre „Verleumdungskampagne" unterlassen, so Steigenberger-Vorstandssprecher Wolfgang Momberger.[40] Am 21. Dezember ließ die Treuhand die Meldung verbreiten, Steigenberger hätte eingelenkt und wäre von den Verträgen zurückgetreten. Ein Treuhandsprecher teilte mit, dass Steigenberger als „hochqualifizierter und leistungsfähiger Bewerber auch weiterhin herzlich eingeladen" sei, sich um die Interhotels zu bewerben.[41] Steigenberger dementierte diese Meldung rasch: „Kein Wort" davon sei wahr, so Wolfgang Momberger.[42]

Die Auseinandersetzung wurde gerichtlich gelöst – zum Nachteil von Steigenberger. Im August 1991 erklärte das Berliner Landgericht die Pachtverträge, die Steigenberger mit Interhotel geschlossen hatte, für ungültig. Damit war der Weg frei für eine neue Privatisierung der einstigen Hotelkette der DDR.[43]

Die Treuhand hatte für den Verkauf ein Londoner Bankhaus beauftragt. Es wählte aus 200 Interessenten vier aus, mit denen die Treuhand Verhandlungen führte: Neben einer Heidelberger Immobilienfirma und der Hotelgruppe Maritim waren auch die Berliner Bau- und Immobiliengruppe Klingbeil und der Autovermieter Sixt dabei. Mit Letzterem wurde sogar schon ein Kaufvertrag ausgehandelt, ehe Sixt auf die Bremse trat. Am 22. November 1991 beschloss die Treuhand, 28 Interhotels für 2,2 Milliarden D-Mark an die Klingbeil-Gruppe zu veräußern. Die Gruppe versprach in sechs Jahren über eine Milliarde D-Mark in die Hotels zu investieren und neue Gebäude zu errichten. Fünf weitere Hotels wurden einzeln verkauft. Nur das Hotel „Thüringen Tourist" in Suhl verblieb über einen sogenannten Management-Buy-out in der Hand der Betreiber.[44] Insgesamt hatte die Berliner Behörde mit dem Verkauf 2,5 Milliarden D-Mark eingenommen.

Dabei hatte sich Treuhand-Präsidentin Birgit Breuel von der Linie ihres Vorgängers Rohwedder abgesetzt: Während Rohwedder die Kette aufteilen wollte, war Breuel der Meinung, dass nur der Verkauf als Ganzes für internationale Hotelkonzerne ansprechend sein würde.[45]

Die Freude über den „größte[n] Deal" der Treuhand, so deren Sprecher Wolf Schöde, währte aber nur kurz. Zum einen wurde schnell klar, dass sich die Klingbeil-Gruppe mit der Übernahme zu viel zugemutet hatte. Sie veräußerte bald vier und verpachtete zwölf Hotels. Zum anderen hatten sich bereits vor der Vertragsunterzeichnung jüdische Erben gemeldet und Ansprüche an Hotelgrundstücken der Interhotels, vor allem in Berlin, reklamiert. Insgesamt kamen in den nächsten Jahren 100 Ansprüche auf 15 Interhotel-Immobilien zustande.[46] Die Klingbeil-Gruppe, die sich inzwischen in die Trigon-Gruppe umfirmiert hatte, musste die Treuhand Ende 1994 um finanzielle Unterstützung bitten.

Im Juli 1995 übernahmen die Gläubigerbanken die Mehrheit an der Hotelgruppe. Sie teilten das größte Stück vom Treuhand-Kuchen auf und verkaufte die Interhotels Stück für Stück. Im Dezember 2006 wurde schließlich ein letzter größerer Happen serviert, als die restlichen 14 Hotels der Deutschen Interhotel AG an die US-amerikanische Blackstone-Gruppe veräußert wurden.[47]

Bewertet und entwertet
Der Leitungsausschuss als Schlüssel für die Entscheidung über den VEB Elastic-Mieder Zeulenroda

Ein westdeutscher Unternehmensberater rettete in den 1990er Jahren den größten Unterwäscheproduzenten der

1988: „Mehr Konsumgüter – Raschelgewirk als Ausgangsmaterial für modische Damenunterbekleidung wird im Wirksaal des VEB elastic-mieder Zeulenroda hergestellt. Die Werktätigen haben sich verpflichtet, Miederwaren im Wert von 2, 6 Millionen Mark zusätzlich zu produzieren." (Quelle: BArch, Bild 183-1988-0308-006/Foto: Jan Peter Kasper)

ehemaligen DDR und führte ihn erfolgreich in die kapitalistische Welt. So hätte beinahe die Geschichte vom ehemaligen Roland-Berger-Berater Christopher Schwarzer und vom ehemaligen Volkseigenen Betrieb Elastic-Mieder lauten können.

Aber der Reihe nach. Schon im Sommer 1990 benötigten mehrere Tausend DDR-Betriebe Kredite, um ihren rund vier Millionen Angestellten die Löhne auszuzahlen. Doch in welche Unternehmen sollte Steuergeld gesteckt werden? Wer hatte überhaupt eine Chance auf dem „Westmarkt"? Das Bundesfinanzministerium betreute ein von der Treuhand unabhängiges Gremium mit diesen Fragen, den sogenannten „Leitungsausschuss". Er tauchte zwar in keiner Organisationsstruktur der Treuhand auf, entwickelte sich jedoch mit der Zeit zu „einem weitgehend im Hintergrund agierenden ‚Schlüsselgremium'".[48]

Die Mitglieder des Leitungsausschusses waren in der Regel externe Unternehmensberater und unabhängige Wirtschaftsprüfer. Sie prüften die von den Unternehmen eingereichten Konzepte, wie das Unternehmen sich zukünftig den veränderten Marktbedingungen anpassen könnte, und besuchten diese vor Ort. Anschließend bewerteten sie die Perspektive eines Unternehmens anhand eines Notensystems: von „1. Unternehmen arbeitet rentabel" bis „6.2 Gesamtvollstreckung".[49] Auf Basis des Berichts des Leitungsausschusses entschied dann der Treuhandvorstand über die Gewährung von Krediten.

Christopher Schwarzer hatte 1990 sein BWL-Studium in München beendet und heuerte anschließend bei Roland Berger an, einer der damals führenden Unternehmensberatungen in Deutschland. Schwarzer hatte darauf gehofft, in Spanien eingesetzt zu werden. Anfang 1991 schickte ihn Roland Berger jedoch in die neuen Bundesländer. Es sei zunächst „nicht spannend" gewesen, „marode Ostunternehmen anzuschauen", sagt er heute.[50] Doch in den neuen

Bundesländern war der Bedarf an Beratern groß. Beratungs-unternehmen wie Roland Berger, McKinsey und KPMG be-dienten ihn durchaus auch mit jungen und weniger erfah-renen Beratern. Insgesamt waren es wenige Tausend, die meist in schicken Anzügen und Autos durch das Land fuh-ren und so das Bild des „West-Beraters" prägten.[51]

Im Winter 1990 besuchten die Berater erstmals Zeulenroda und das damals noch knapp 1 800 Mitarbeiter große Unter-nehmen, das nun Elastic-Mieder GmbH hieß. Es bestand damals noch aus mehreren Betrieben. Der zuständige Be-rater gab die Note 4.1. und urteilte: „Sanierungsfähigkeit scheint gegeben".[52] Das bestehende Sanierungskonzept müsse aber überarbeitet werden, da es von zu hohen und unrealistischen Umsätzen ausgehe. Das Unternehmen sei „noch zu groß und unproduktiv". Eine Woche später stufte der Leitungsausschuss Elastic-Mieder sogar in die Gruppe 4.2. herab, forderte „ein Management auf Zeit", um die „Min-destliquidität [...] sicherzustellen" und bis dahin „von Inves-titionen [...] abzusehen".[53]

Ein halbes Jahr später bewerteten Berater das nun in Ex-cellent GmbH umbenannte Unternehmen erneut. Wieder wurde nur die Note 4.2 vergeben. Der Leitungsausschuss empfahl, dass der Betrieb im nahgelegenen Oelsnitz fortge-führt werden solle, für Zeulenroda lautete das Fazit: „Aufga-be des Standorts Zeulenroda Ende 92 möglich".[54]

Dabei lag in Zeulenroda der Ursprung des Textilbetriebs. Zwar war das Unternehmen 1862 durch die Brüder Römpler in Erfurt gegründet worden, schon 1877 verlegte man die Produktion aber nach Zeulenroda. Von dort aus wurde die Römpler AG in den 1930er Jahren zum europaweit größ-ten Hersteller von gewirkten Stoffen und konfektionierten Wirkwaren, aus denen Unterwäsche und Spitzen herge-stellt wurden. Nach der Gründung der DDR wurde der Be-trieb 1953 enteignet und 1970 in VEB Elastic-Mieder umbe-nannt. 1989 stellte Elastic-Mieder in den 19 Betriebsstätten noch 25 Millionen Miederwaren her – und exportierte sogar in die Bundesrepublik.[55]

So notierte der zuständige Unternehmensberater im Februar 1991, dass die „Qualifikation vieler Mitarbeiter [...] auf Westniveau" sei.[56] Ein Eindruck, den auch Christopher Schwarzer später machen sollte. Zusammen mit anderen Beratern war er im Privatisierungsteam „Leichtindustrie" zuständig, hatte sich aber an der Bewertung von Elastic-Mieder/Excellent nicht beteiligt. Die Treuhand versuchte 1992 die Nachfahren der in der DDR enteigneten Römpler AG ausfindig zu machen. Als das 1993 gelang, wurde der Betrieb an den alten Besitzer rückübertragen. Dieser verpflichtete Schwarzer als Geschäftsführer. Bei seinem ersten Besuch in Zeulenroda hätten die Mitarbeiterinnen einen „kompetenten und hochmotivierten Eindruck"[57] auf Schwarzer gemacht.

Er trat in der Folge den Beweis an, dass seine früheren Berater-Kollegen im Leitungsausschuss mit ihrem Urteil 1991 danebenlagen. Schon in den ersten Jahren nach der Wiedervereinigung wurde die Produktion von Excellent geändert: weg von der Massenware zur „Herstellung von modischen Miederwaren im mittleren bis gehobenen Preisgenre".[58] Schwarzer und ein ehemals für den Leitungsausschuss tätiger Berater setzten diesen Ansatz fort und formten aus Excellent einen „Spezialisten für feine Dessous".[59] Das Unternehmen wurde Stammlieferant für westdeutsche Kaufhausketten. Auch die Zahlen stimmten: Der Umsatz stieg beständig, das Unternehmen machte Gewinn und beschäftigte zwischenzeitlich sogar 230 Angestellte, ausschließlich Frauen.[60] 1996 kaufte Schwarzer schließlich das Unternehmen.

Wie häufig die Berater und Prüfer im Leitungsausschuss auch in anderen Fällen Fehleinschätzungen vornahmen, ist noch nicht belegt. Fest steht aber, dass die sogenannten West-Berater einen gewichtigen Anteil daran hatten, dass die Treuhand in ein sich stark als „unternehmerisch-betriebswirtschaftlich verstehendes Gebilde"[61] transformiert wurde. In diesem Gebilde stand plötzlich Umsatz vor Planerfüllung, die Belange der Angestellten rückten zugunsten marktwirtschaftlicher Spielregeln in den Hintergrund.

Dass die Geschichte von Christopher Schwarzer und dem Unterwäscheunternehmen aus Zeulenroda nicht gut ausgeht, lag indes nicht an den Beratern, sondern an der Treuhand beziehungsweise an ihrer Nachfolgeorganisation, der Bundesanstalt für vereinigungsbedingte Sonderaufgaben (BvS). Aus der Zeit vor 1993 hatte das Unternehmen noch 11 Millionen D-Mark Altschulden. Schwarzer beantragte bei der BvS eine Entschuldung, doch die lehnte ab. Im Jahr 2000 musste er das Unternehmen an einen Textilhersteller aus Tübingen verkaufen und die noch gut 150 Mitarbeiterinnen verlassen. 2004 ging der einst größte Unterwäscheproduzent der DDR insolvent. Christopher Schwarzer kehrte zurück in seinen früheren Beruf als Berater.

Aus Marx wird Markt
Wie drei Mitarbeiter des früheren VEB Florena Waldheim ihr eigenes Unternehmen kauften

Irgendwann hatte Heiner Hellfritzsch genug. Als der Betriebsleiter des früheren Volkseigenen Betriebs „Florena Treuhand Waldheim/Döbeln" der Treuhand Ende 1991 sein sechstes Unternehmenskonzept für den Kauf vorlegte, soll er laut geworden sein und in der Treuhandzentrale gebrüllt haben: „Ich mach das nicht mehr mit!"[62] Das brachte Erfolg. 1992 überschrieb die Treuhand ihm und zwei anderen Kollegen den ehemals größten Kosmetikhersteller der DDR.

Die Florena-Übernahme durch Florena-Mitarbeiter war einer der ersten MBOs in den neuen Bundesländern. MBO steht für Management-Buy-out und bedeutet, dass die bisherigen Betriebsleiter das Unternehmen vollständig erwerben – ein Prinzip, das sich erst in den 1980er Jahren im Ka-

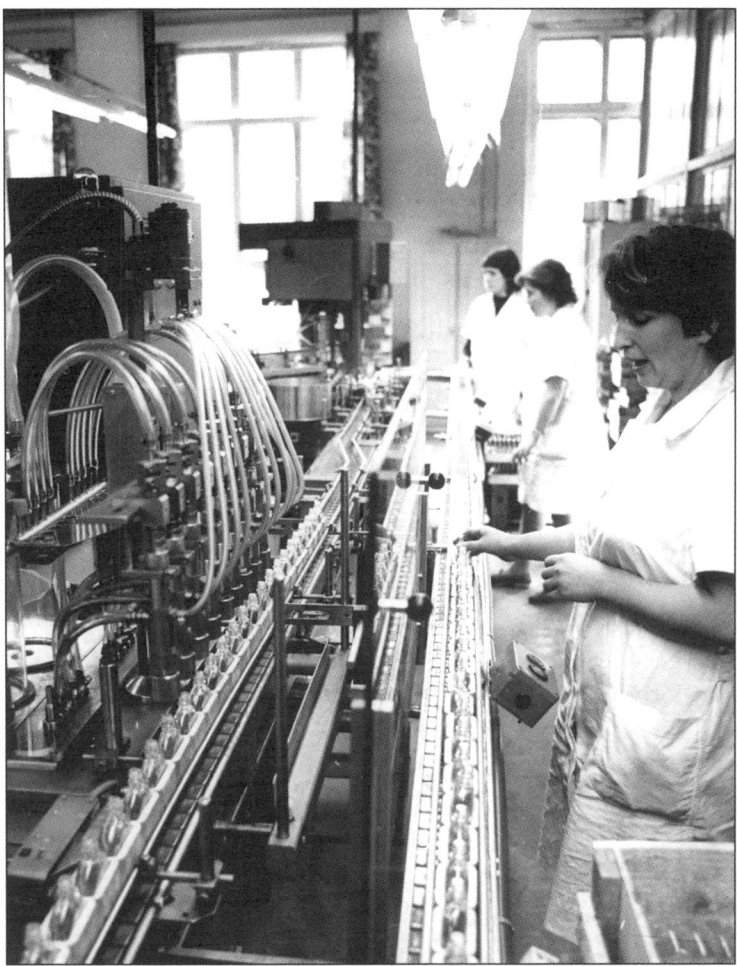

1977: „20.000 Stunden Arbeitszeit wollen die Werktätigen des VEB Florena Waldheim mit Hilfe einer neuen Fließreihe zum Abfüllen verschiedener kosmetischer Wässer in diesem Jahr einsparen. Die Arbeiter der Abteilung Abfüllung wollen an der Fließlinie ihren im vorigen Jahr errungenen Titel ‚Goldmedaille für Qualitätsarbeit' verteidigen." (Quelle: BArch, Bild 183-S0303-0003/Foto: Waltraud Raphael verehel. Grubitzsch)

pitalismus etablierte. Nachdem die Treuhand im Frühjahr 1991 beschloss, die Mehrzahl der DDR-Betriebe zu privatisieren, hoffte sie zunächst auf kaufbereite Firmen aus dem

Westen oder dem Ausland. Doch die damalige Vize-Treuhand-Chefin Birgit Breuel setzte in einem Rundbrief aus dem März 1991 auch auf die „unternehmerische Entfaltung von engagierten Unternehmensleitungen" und die „Schaffung eines eigenständigen Mittelstandes in den neuen Bundesländern" – mithilfe möglichst vieler MBOs.[63]

Die Treuhand fördere zu wenige Unternehmer aus der Ex-DDR, so lautete damals ein oft gehörter Vorwurf. Dem versuchte die Behörde entgegenzuwirken, indem sie die Zahl der MBOs erhöhen wollte. Auf zwei MBO-Kongressen 1991 zeigte sie Betriebsleitern aus den neuen Bundesländern, wie diese zu Chefs werden können. Die Treuhand hoffte darauf, dass es bis 1993 zwischen 3 000 und 4 000 MBOs geben könnte.[64] Einer der ersten wurde das im Juni 1990 in „Florena Cosmetic GmbH" umfirmierte Kosmetikunternehmen aus den sächsischen Städten Waldheim und Döbeln.

Pionier auf einem Gebiet zu sein, war für das Unternehmen nichts Ungewöhnliches. Schließlich hatte der Apotheker Adolf Heinrich August Bergmann 1852 mit der „Waldheimer Parfümerie- und Toilettenseifenfabrik" einen der ersten deutschen Kosmetikbetriebe gegründet. Fast 70 Jahre später meldete sein Enkelsohn den Markennamen „Florena" im April 1920 beim Reichspatentamt München an. Hinter Florena verbarg sich damals ein Talkum zur Gesichtsreinigung. 1946 wurde der Betrieb enteignet. In der DDR erlebte er eine wechselhafte Namensgeschichte – am Ende hieß er „VEB Florena Waldheim/Döbeln".

Wichtiger als die konkrete Unternehmensbezeichnung war der Name der Produkte: Florena stand in der DDR nicht nur für die Universalcreme in der blauweißen Dose, sondern war ein Gattungsbegriff für alle Kosmetika aus Waldheim. „… und Sie fühlen sich wohl in Ihrer Haut" hieß einer der Werbesprüche, mit dem sich Florena im gesamten Ostblock zu dem entwickelte, was es in der sozialistischen Planwirtschaft gar nicht geben sollte: einer Marke.

Im Jahr 1981 wurde Heiner Hellfritzsch Betriebsleiter bei Florena. Unter seiner Leitung wurden noch vor dem Mauerfall im November 1989 die Zeichen auf Zukunft gestellt: Das Hamburger Unternehmen Beiersdorf hatte in Waldheim eine der modernsten Hautcreme-Fabriken Europas finanziert.[65] Man wollte so die Nivea-Creme von Beiersdorf in die exquisiten Intershops der DDR bringen. Am 20. September 1989 begann die sogenannte Gestattungsproduktion für die Nivea-Creme. Von nun an liefen zwei blauweiß gestaltete Dosen mit unterschiedlichem Namen vom Band.

Die Grundvorrausetzungen für den Übergang in die Marktwirtschaft nach 1990 waren daher für Florena eigentlich günstig. Doch auch die beliebte Hautcreme ereilte ein ähnliches Schicksal wie fast alle Produkte aus der ehemaligen DDR: Das Pendant aus dem Westen wurde ihr vorgezogen, Nivea statt Florena also. Der Umsatz brach ein, bei Florena von 350 Millionen DDR-Mark im Jahr 1989 auf 20 Millionen D-Mark 1990.[66]

Betriebsleiter Heiner Hellfritzsch glaubte an Florena und schrieb noch Ende 1989 an den damaligen DDR-Ministerpräsidenten Hans Modrow: „Löst das Kombinat auf! Gebt uns Selbständigkeit."[67] Als Treuhandbetrieb Nr. 80 wurde das Unternehmen registriert. Doch es dauerte mit der Selbstständigkeit. Die Treuhand ernannte Hellfritzsch und die beiden anderen Unternehmensmitglieder Günter Haferkorn und Reinhard Hübner zu Gesellschaftern. Im Herbst 1990 stellten sie einen Antrag auf ein Management-Buy-out und verhandelten über 14 Monate mit der Treuhand.

Helmut Hemme, der damals bei der Treuhand für den Bereich Chemie zuständig war, sagte der Wochenzeitung Die Zeit: „Auch wir glauben, daß Florena sanierungsfähig ist, aber leicht ist ein MBO in der Branche nicht. Der Markt ist knallhart, und niemand hat etwas davon, wenn die nach zwei Jahren in Konkurs gehen."[68] Das sah Heiner Hellfritzsch anders. Er beschwerte sich vor allem über das mangelnde Vertrauen, das ihm entgegengebracht wurde: „Wenn man endlich einen von unserem Plan überzeugt hatte, war beim nächsten Termin ein ganz anderer da, der alles noch einmal hören wollte."[69] Heute sagt er: „Wir mussten die Marktwirtschaft lernen, die Treuhand musste das Privatisieren lernen. Wir waren beide überfordert."[70] Im Frühjahr 1992 übernahmen die drei Kollegen rückwirkend zum 1. Januar das Unternehmen, allerdings zu harten Konditionen: Das Führungstrio musste ungefähr 5,5 Millionen D-Mark als Kaufpreis zahlen.[71] Sie hätten sich dafür „mit Haus und Hof verschuldet", so Heiner Hellfritzsch, der kaufmännischer Geschäftsführer wurde.[72] Die Mitarbeiterzahl sollten sie von 700 auf 170 reduzieren. Außerdem verpflichteten sie sich, in den folgenden Jahren 5,6 Millionen D-Mark zu investieren, gleichzeitig aber mussten sie Altschulden der Firma in Höhe von 10 Millionen D-Mark übernehmen. Dadurch blieb kaum Budget für Innovationen und Werbung. Werbung brauchte es erst einmal auch gar nicht, denn nachdem die Florena-Creme zum 1. Januar 1991 mit neuem Design und ohne Konservierungsstoffe zurück auf den Markt kam, ging es für das Waldheimer Unternehmen langsam wieder aufwärts. Zudem zahlte sich die schon vor dem Mauerfall 1989 begonnene Kooperation mit Nivea bald aus. Der Beiersdorf-Chef Hans-Otto Wöbcke übernahm eine „Art Patenschaft für die aus dem Sozialismus entlassenen Brüder":[73] Die Florena-Mitarbeiter wurden in Hamburg geschult und Nivea produzierte weiter in Waldheim.

Nach einer anfänglichen Konsum-Euphorie besannen sich die Menschen in den neuen Bundesländern Anfang der 1990er Jahre zunehmend wieder auf „ihre" Produkte. Was bei Bier, Kaffee, Senf und Sekt geschah, passierte in Ansätzen auch bei der Hautcreme. „Was sich liebt, das pflegt sich", lautete Florenas neuer Werbeslogan. Und langsam pflegten sich die ehemaligen DDR-Bürger wieder mit ihrer alten Marke. 1993 betrug der Marktanteil der Florena-

Hautcreme in den neuen Ländern zwölf Prozent, bei Rasiercremes waren die Waldheimer sogar die Nummer eins. Florena konnte so seinen Umsatz auf immerhin 30 Millionen D-Mark steigern.[74]

Im Rahmen der Privatisierungsvorhaben der Treuhand war Florena eine der wenigen Erfolgsgeschichten. Mit dem Slogan „Sachsen unternehmen was" versuchte sie darum, diesen MBO entsprechend zu vermarkten.[75] Denn an Erfolgsgeschichten mangelte es der Treuhand: Aus den erhofften 3000 bis 4000 MBOs wurden gerade einmal 2697,[76] das entsprach 18,5 Prozent aller Treuhandprivatisierungen. Ein Problem war für viele Unternehmen die Finanzierung. Die Treuhand forderte von den Unternehmern, die Altlasten der Betriebe mit zu übernehmen. Für viele Kaufinteressenten handelte es sich dabei um „Knebelverträge".[77] So waren es mehrheitlich „Unternehmer unter Zwang", wie eine Studie 1993 feststellte, die einen Betrieb kauften. Sie mussten oft aus der Not heraus ihre Unternehmen übernehmen, weil es keinen Investor gab und sie ihren eigenen Arbeitsplatz sowie die ihrer Kollegen retten wollten.[78]

Arbeitsplätze konnte das Führungstrio Hellfritzsch, Haferkorn und Hübner auch in Waldheim retten – und schaffte noch mehr: Im Jahr 2000 arbeiteten für Florena rund 240 Mitarbeiter. Der Umsatz stieg parallel auf mehr als 100 Millionen D-Mark.[79] 2002 übernahm Beiersdorf das Kosmetikunternehmen. Hellfritzsch verließ die Firma und arbeitet heute als Unternehmensberater. Wenn in diesem Frühjahr die Marke Florena ihren 100. Geburtstag feiert, sollte man Hellfritzschs Brüllen in der Berliner Treuhandzentrale gedenken, das es vielleicht erst möglich gemacht hat, Florena durch den wirtschaftlichen Transformationsprozess zu bringen.

Privatisiert und im Stich gelassen
Wie der Radeberger Kunstnieren-Hersteller Keradenta an einen betrügerischen Investor geriet

Ein Hungerstreik. Das war das letzte Mittel der Beschäftigten bei dem Radeberger Kunstnieren-Hersteller Keradenta, nachdem zuvor Proteste und Werksbesetzungen nichts bewirkt hatten. Die Mitarbeiter verlangten von der Treuhand, dass diese den Verkauf von Keradenta an zwei „Betrüger", wie sie es nannten, rückgängig machte.[80] Doch selbst als am 21. April 1993 zehn Keradenta-Beschäftigte beschlossen, nichts mehr zu essen, bewegte das die Treuhand nicht zum Rückkauf.[81]

„Wer von uns privatisiert ist, ist in den Wettbewerb entlassen. Und den muß er allein bestehen", hatte Treuhand-Präsidentin Birgit Breuel anlässlich der Diskussionen um Keradenta 1993 gesagt.[82] Es war das Motto der Treuhand: Privatisiert ist privatisiert, egal an wen, egal was mit dem Betrieb danach passierte. Dabei beging die Treuhand bei zahlreichen Privatisierungen Fehler. Sie verkaufte Unternehmen mitunter an zwielichtige Investoren, die, statt die Betrieben zu sanieren, vor allem in die eigene Tasche wirtschaften wollten. Die Mitarbeiter behielten recht: Auch Keradenta, das sich einen Namen gemacht hatte mit der Produktion künstlicher Nieren und Zähne, wurde von Investoren ausgenommen.

Keradenta fertigte ab 1920 zunächst Zähne aus Keramik in der Radeberger Fabrik Saxonia, in der DDR dann aus Mineralien. Die Keradenszähne, so die Berliner Zeitung 1962, waren den „Spitzenfabrikaten des Weltmarktes ebenbürtig".[83] 1977 wurden in „einer der größten Zahnfabriken Europas" 14 Millionen künstliche Zähne produziert.[84] Zwei Jahre später begann die VEB Keradenta mit der Herstellung von Dialysatoren, die für die Blutwäsche nierenkranker Menschen verwendet werden konnten.

1977: „Dresden: 14 Millionen künstliche Zähne werden jährlich von den Werktätigen des VEB MLW Keradenta Radeberg produziert. Hier Heidrun Jatzke bei der Endkontrolle von Mineralzähnen." (Quelle: BArch, Bild 183-S0613-0016/Foto: Ulrich Häßler)

Auch dieses zweite Standbein war in der DDR wirtschaftlich. Daher hatten die 450 Mitarbeiter im Jahr 1990 noch gedacht, dass man künstliche Zähne und Nieren auch in der Marktwirtschaft brauche. Doch die produzierten Dialysegeräte für Nieren waren in der Bundesrepublik nicht genehmigungsfähig und der Umsatz in Relation zu den Personal- und Materialkosten nur gering.[85] Dennoch verkaufte die Treuhand Keradenta im Dezember 1991: zunächst an ihr eigenes Unternehmen, die Deutsche Med-Lab GmbH.

Die GmbH teilte Keradenta in zwei Firmen auf und verkaufte sie an zwei Unternehmer aus der alten Bundesrepublik: Der Regensburger Unternehmer Albert Kreitmair übernahm die Keradenta GmbH, die sich um Medizintechnik, mithin also um die künstlichen Nieren, kümmerte. Norbert Kalow aus Walluf im Rheingau übernahm die Keradenta-Wilde GmbH, also den Unternehmensteil, der die künstlichen Zähne herstellte.[86] Kreitmair und Kalow hatten der Treuhand zugesagt, insgesamt mindestens 200 Mitarbeiter zu übernehmen und Kredite in Millionenhöhe aufzunehmen, um beide Unternehmen zu sanieren.[87] Keradenta schien gerettet.

Als den beiden Geschäftsmännern sieben Jahre später der Prozess gemacht wurde, gestand Albert Kreitmair ein, dass der Kauf der Unternehmen „blauäugig" und die Pleite vorprogrammiert gewesen sei.[88] Er gab vor Gericht der Treuhand die Schuld für das Scheitern: Sie hätte auf einen hohen Kaufpreis bestanden und außerdem darauf, dass 200 Beschäftigte übernommen werden müssten. „Zwei Jahre später hätten wir Keradenta vermutlich für eine Mark bekommen."[89]

Der Prozess sollte bestätigen, was die Keradenta-Mitarbeiter schon Anfang 1993 mutmaßten: Kreitmair und Kalow hatten den Betrieb übernommen, um ihre eigenen Unternehmen vor dem Konkurs zu bewahren. Da die westdeutschen Unternehmer den Kaufpreis von 7,3 Millionen D-Mark jedoch nicht selbst aufbringen konnten, belasteten sie das Radeberger Firmengrundstück mit 12 Millionen D-Mark – dabei war es zu dem Zeitpunkt noch nicht einmal in ihrem Besitz. Zudem demontierten sie Maschinen und Geräte, und verkauften oder verschrotteten sie.

Die Kölner Konkursverwalterin Hannelore Krüger-Knief kümmerte sich ab 1993 um den Fall und erklärte dem Nachrichtenmagazin Focus: „Dadurch finanzierte Keradenta seinen Kaufpreis selbst." Ein Mitarbeiter von Krüger-Knief brachte es so auf den Punkt: „Keradenta diente den Herren als Abschreibungsgesellschaft, [...] ungestört konnten sie Sanierungskredite aufnehmen und in andere Kanäle lenken." Das ganze Verfahren sei, so Krüger-Knief, „nicht unüblich" gewesen.[90]

Die Liste der zwielichtigen Treuhand-Privatisierungen ist lang: Darauf steht zum Beispiel auch der Recyclingpark im sächsischen Lauta. Ein Münchner Unternehmer wollte dort den „größten Recyclingpark Europas" bauen – konnte allerdings weder den Kaufpreis noch die versprochenen Investitionen zahlen. 1993 ging das Unternehmen Konkurs.[91] In Boizenburg, im Westen Mecklenburg-Vorpommerns, wurde die 200 Jahre alte Elbewerft 1993 von der Treuhand an einen Unternehmer aus Niedersachsen für eine Mark verkauft. Im Gegenzug bekam er staatliche Subventionen in Höhe von 210 Millionen D-Mark. 1997 ging auch die Elbewerft insolvent.[92]

Konkursverwalterin Krüger-Knief fällte ein vernichtendes Urteil über das Vorgehen der Berliner Behörde: „Der Treuhand können Sie versprechen, was sie wollen; die guckt nie wieder hin".[93] In Radeberg verlangten aber nun im Frühjahr 1993 die Beschäftigten der Keradenta-Nachfolgeunternehmen, dass die Treuhand doch noch einmal genauer hinschaute. Bereits im November 1992 bekamen sie keine Löhne mehr, Anfang 1993 wurde die Gesamtvollstreckung beantragt. Die Beschäftigten verlangten, dass die Treuhand ihren Fehler wiedergutmachte: „Wir fordern die Rückübertragung beider Werke in das Eigentum der Treuhandanstalt", sagten die beiden Betriebsratsvorsitzenden Anfang 1993.[94] Um ihrer Forderung Nachdruck zu verleihen, besetzten die Mitarbeiter die Betriebe im März. Zum selben Zeitpunkt begann die Staatsanwaltschaft Ermittlungen gegen Kreitmair und Kalow aufzunehmen. Auch Konkursverwalterin Krüger-Knief forderte die Treuhand auf, die beiden Unternehmen wieder zurückzunehmen.

Das alles brachte nichts. Die Treuhand prüfte zwar, ob die Verträge rechtmäßig zustande gekommen waren, letztlich half sie der Keradenta aber nicht. „Wir kämpfen gegen die Haltung der Treuhand", hatte ein Gewerkschaftsmitglied den Hungerstreik am 21. April 1993 begründet.[95] Doch selbst davon ließ die Behörde sich nicht beeindrucken. Die sächsische Landesregierung dagegen schon. Der Wirtschaftsminister sagte zu, rund 200 Beschäftigte in eine Gesellschaft für Arbeitsbeschaffungsmaßnahmen zu übernehmen.

Das hatte teilweise Erfolg: Die künstlichen Keradenta-Zähne konnten zwar nicht gerettet werden, dafür aber die künstlichen Keradenta-Nieren und mit ihnen 75 Prozent der Mitarbeiter. Als Saxonia Medical florierte das Unternehmen, ehe 2004 das Pharmaunternehmen B. Braun Melsungen den Keradenta-Nachfolger kaufte.

Ganz so glimpflich ging es für Norbert Kalow und Albert Kreitmair nicht aus: Ersterer wurde im November 2000 wegen Betrugs und des Vorenthaltens von Arbeitnehmerbeiträgen zu drei Jahren Haft verurteilt, Kreitmair erhielt 18 Monate auf Bewährung.[96] Das hinderte beide nicht daran, wieder unternehmerisch tätig zu werden: Kreitmaier wurde Geschäftsführer eines Unternehmens, das elektrooptische Geräte herstellt. Kalow leitete für einige Jahre ein Unternehmen, das Hörgeräte verkaufte.

Von einem Monopol zum nächsten?
Westdeutsche Lebensmittelkonzerne spielen in Schwerin ihre Marktmacht aus

Nach wenigen Monaten im neuen Wirtschaftssystem brachte der Schweriner Lebensmittelhändler Hans Eggert im Dezember 1990 die Entbehrungen des Kapitalismus wie folgt auf den Punkt: „Seit hier die Marktwirtschaft tobt [...], müssen wir früher aufstehen und kommen später ins Bett."[97] Doch es war nicht nur Schlafmangel, der Eggert umtrieb. Zusammen mit seinem Sohn Hans-Wilhelm Eggert führte er das traditionsreiche Geschäft Lebensmittel Gebr. Eggert in der Schweriner Altstadt. Anfang Dezember 1990 feierten sie das 150-jährige Firmenjubiläum. Ihre Vorfahren hatten das Kaiserreich und die Nazi-Diktatur überlebt. Selbst in der DDR hatten sie sich den staatlichen Konkurrenten widersetzt. Aber jetzt, in der freien Welt, blieben auf einmal die Kunden weg. Die kauften lieber bei den neuen Supermarkt-

1990: „Die DDR-,Wartegemeinschaft' hat auch nach Einführung der D-Mark noch Hochkonjunktur. Bis zu drei Stunden anstehen müssen Kaufwillige derzeit vor der Konsum-Kaufhalle im Neubrandenburger Stadtteil Reitbahnweg." (Quelle: BArch, Bild 183-1990-0711-021/Foto: Benno Bartocha)

ketten aus dem Westen, überwiegend in den Läden von Kaiser's. „Es ist schon tragisch [...], wenn ich als einer der letzten freien Kaufleute der alten DDR ein Opfer der neuen Zeit würde", befürchtete Hans Eggert 1990.[98]

In der DDR waren knapp ein Drittel aller Verkaufsstellen in privater Hand.[99] Sie ergänzten das Angebot zu den Läden der Konsumgenossenschaft, den Konsum-Märkten sowie zu den Kaufhallen und Verkaufsstellen der staatlichen Handelsorganisation (HO). Die HO war omnipräsent in der DDR. Ihre zwei Buchstaben prangten aber nicht nur an Kaufhallen, sondern auch an Restaurants, Hotels und großen Kaufhäusern. In Leipzig gab es sogar ein HO-Schachzentrum. Die insgesamt 30 000 Objekte der HO mussten nach dem Zusammenbruch der DDR privatisiert werden.[100] Das freute vor allem die großen Handelskonzerne aus dem Westen – wie Edeka, Rewe und Tengelmann.[101] Diese kämpften in der Bundesrepublik seit den 1970er Jahren „mit gesättigten Märkten und übersättigten Verbrauchern".[102]

Der Tengelmann-Konzern aus Mühlheim an der Ruhr wagte den ersten Vorstoß. Zu Tengelmann gehörte die Kaiser's Kaffee GmbH. Für deren Filialen in West-Berlin war Hans-Hugo Lavallée zuständig. Zwei Tage nach der Grenzöffnung ließ er am 11. November 1989 Kaiser's-Lastwagen an Grenzübergänge fahren und kostenlos Schokolade und Kaffee verteilen. Langsam versuchte Lavallée, Kaiser's zunächst in Ost-Berlin bekannt zu machen. Bereits am 17. November schaltete er eine Anzeige in einer Berliner Lokalzeitung: „Kaiser's demnächst auch bei Ihnen um die Ecke".[103]

Lavallée verhandelte zunächst mit dem Ost-Berliner HO-Direktor über eine Zusammenarbeit. Zugute kam ihm das von der DDR-Regierung Anfang 1990 beschlossene Joint-Venture-Gesetz, wonach ausländische Unternehmen 49 Prozent an DDR-Firmen erwerben konnten.[104] So gründete man in Ost-Berlin die Hofka GmbH, die fortan die HO-Läden führte. Ähnlich ging Kaiser's in Cottbus vor, wo man die

Cottka ins Leben rief, und in Schwerin, wo am 30. Juli 1990 die Schweriner Verbrauchermarkt GmbH ihre Arbeit aufnahm und wo fortan die DDR-Bürger von der freundlichen Kaiser's-Kaffeekanne angelächelt wurden.[105]

Von den 31 größeren HO-Kaufhallen in Schwerin wechselten auf diese Weise 27 zum Tengelmann-Konzern. Das Lebensmittelgeschäft der Eggerts fiel zwar nicht darunter, mit dieser Marktmacht konnte die Tengelmann-Tochter Kaiser's die Lebensmittelpreise in Schwerin jedoch weitgehend im Alleingang bestimmen. So mussten sich die Eggerts Ende 1990 einem westdeutschen Konzern anschließen und betrieben ihr Geschäft als Edeka-Filiale weiter.

Dass die Schweriner Niederlassung der Treuhand nichts gegen die Gründung des Joint-Ventures unternommen hatte, sorgte für Unmut – zunächst nur in Schwerin, später in der ganzen Bundesrepublik. Der Oberbürgermeister und die örtliche Niederlassung der Industrie- und Handelskammer (IHK) kritisierten die Entscheidung: „Inkompetenz, Ignoranz und krasse Fehlentscheidung" warf der damalige IHK-Hauptgeschäftsführer für Schwerin, Uwe Karsten, der Treuhand vor.[106] Sein Verdacht: Die Treuhand verschleppe die „Entflechtung des DDR-Einzelhandels", um neue Monopole zu schaffen. Auch andere Wirtschaftsvertreter und Kommunalpolitiker pflichteten ihm bei und protestierten gegen die Machtkonzentration. Sie forderten die Rücknahme des Tengelmann-Deals und die Entlassung des Niederlassungsleiters der Schweriner Treuhand, Axel Puls.

Puls fühlte sich falsch verstanden und verteidigte seine Unterstützung für die Tengelmann-Übernahme damit, dass diese „im Interesse einer reibungslosen Versorgung der Schweriner Bevölkerung" geschehen sei. „Weder der Oberbürgermeister noch die IHK sind aufgerufen, Treuhandanstalt zu spielen", erklärte er am 20. August bei einer Pressekonferenz.[107] Da waren seine Treuhand-Tage allerdings schon gezählt. Zunächst wurde Puls beurlaubt, dann entlassen. Sogar Treuhand-Präsident Detlev Rohwedder schaltete sich ein und forderte eine Aufklärung der Vorkommnisse in Schwerin: „Da sind schlimme Sachen gelaufen."[108]

Wie schlimm, das ist heute fraglich, denn aufgeklärt wurde der Fall nie. Hans-Hugo Lavallée sagt heute: „Ich gebe mein Ehrenwort, dass da keine Mark sonst wohin geflossen ist!"[109] Auffällig war allerdings, dass die Schweriner Bezirksvorsitzende der HO, Ingrid Nysalk, den Deal maßgeblich mit eingefädelt hatte – sie wurde später Geschäftsführerin der Schweriner Verbrauchermarkt GmbH und wechselte in den Tengelmann-Konzern.[110]

Der Fall hatte aber eine Art Reinigungswirkung für die Privatisierung der HO-Objekte, denn Schwerin war kein Einzelfall. Das Magazin Wirtschaftswoche sah die Schuld bei den „Ostbürokraten", die „mit der Privatisierung oft schlicht überfordert" gewesen seien.[111] Von den 30 000 HO-Objekten seien durch Privatisierung, Schließung oder Sonstiges rund 12 000 Objekte „abhanden gekommen", schätzte der Unternehmensberater Wolfgang Bernhardt Anfang 1991. Dabei seien „wesentliche Vermögensgegenstände für Null weggegeben" worden.[112]

Bernhardt war es auch, der Ordnung in den Laden bringen sollte. Er wurde im Oktober 1990 Aufsichtsratsvorsitzender der Treuhand-Tochter namens Gesellschaft zur Privatisierung des Handels (GPH). Diese „eigene Eingreiftruppe"[113] der Treuhand sollte die HO-Betriebsstätten in einem geordneten Verfahren privatisieren. Zwar konnte Bernhardt die Verträge, die Tengelmann, Rewe oder Edeka in der ersten Hälfte des Jahres 1990 abgeschlossen hatten, nicht mehr rückgängig machen. Aber die GPH einigte sich mit den Lebensmittelkonzernen zumindest darauf, dass Läden, die weniger als 100 Quadratmeter zählten, an Mittelständler veräußert würden.[114] Bernhardt schätzte in einer Bilanz, dass über 22 300 HO-Immobilien neue Inhaber gefunden hätten[115] und dass von den 280 000 Mitarbeitern, die zum 31. Dezember 1989 für die Handelsorganisation arbeiteten, 120 000 „übergeleitet" werden konnten.[116]

Der Tengelmann-Konzern beschäftigte von diesen Mitarbeitern in den neuen Bundesländern Anfang der 1990er Jahre gut 12 000, in Schwerin waren es 639.[117] Im Oktober 1990 hatte Tengelmann deutschlandweit großformatige, schwarz-rot-goldene Anzeigen geschalten: „Wir freuen uns auf Deutschland. Vor uns liegen große Aufgaben."[118] Doch die Aufgaben waren für Tengelmann beziehungsweise für die Kaiser's-Supermärkte bald zu groß: „Die Aktivitäten in Ostdeutschland waren mit Investitionen in für das Unternehmen nie gekannter Größe verbunden", stellte der Vorstandsvorsitzender von Kaiser's, Hans Gorbach, Ende 1992 fest.[119] In den Schweriner Kaiser's-Filialen fielen die Umsätze von 1992 bis 1995 um ein Drittel, was Entlassungen zur Folge hatte.[120]

Als auch das nicht mehr half, traf die Schweriner Kaiser's-Läden das gleiche Schicksal wie das Lebensmittelgeschäft von Hans Eggert. Nachdem die Eggerts ihr Geschäft wenige Jahre noch als Edeka-Filiale betreiben konnten, mussten sie es 1998 schließen – im selben Jahr, in dem auch die Schweriner Kaiser's-Filialen verkauft wurden.[121] So verschwanden nicht nur die freundlichen Kaffeekannen wieder aus dem Schweriner Stadtbild, sondern auch der traditionsreiche Betrieb Lebensmittel Gebr. Eggert.

Proteste gegen die Plattmacher
Als in Hermsdorf Industriearbeiter die Treuhand zum Handeln zwangen

Sobald in Deutschland Autos stillstehen, erregt das Aufmerksamkeit. Insofern war es im Herbst 1991 ein kluger Schachzug von gut 2 000 Industriearbeitern, das Herms-

1963: „Zum größten sintertechnischen Werk Europas sowie einem der bedeutendsten seiner Art in der Welt hat sich der VEB Keramische Werke Hermsdorf seit seiner Übernahme in Volkseigentum entwickelt. [Hier:] Der neue modern eingerichtete Speisesaal des Werkes." (Quelle: BArch, Bild 183-B1026-0002-006/Foto: Peter Liebers)

dorfer Kreuz zu besetzen – einen der wichtigsten Verkehrsknotenpunkte der Bundesrepublik. Sie protestierten gegen die Politik der Treuhand und den drohenden Abbau von Arbeitsplätzen im Osten Thüringens. Auf einem der Plakate stand etwa: „Thüringen darf nicht der Arbeitsfriedhof Deutschlands werden."[122]
Der größte Betrieb in Hermsdorf war die Tridelta AG, ein Unternehmen, das technische Keramik produziert. Es waren auch hauptsächlich Tridelta-Mitarbeiter, die das Autobahnkreuz am 20. September 1991 für zwei Stunden besetzt hielten und sich damit in die lange Liste an spektakulären Protesten gegen die Treuhand einreihten. Dabei griffen die Beschäftigten in ihrer Verzweiflung oftmals zu drastischen Mitteln: Sie traten in Hungerstreiks, initiierten Massendemonstrationen, besetzten Betriebe und sogar Niederlassungen der Treuhand selbst. Meist war solchen Aktionen kein Erfolg beschieden, doch am Hermsdorfer Kreuz hatte der Protest nicht nur einen kilometerlangen Stau zur Folge,

sondern führte auch zu einem Umdenken bei Politik und Treuhand.

Die spätere Tridelta war im Kaiserreich zunächst als Porzellanfabrik gegründet, 1952 aber in den VEB Keramische Werke Hermsdorf (KWH) umgewandelt worden. In der DDR hatten die KWH eine vielseitige Produktpalette: An 19 Produktionsstandorten stellten gut 20 000 Mitarbeiter Keramikaufsätze für Hochspannungsleitungen, Großkeramik für die Hightechindustrie oder Elektroschalter her.[123] 1989 betrug der Jahresumsatz gut 2,4 Milliarden DDR-Mark – zwei Drittel davon wurden im Westen erzielt.[124] Anfang der 1990er Jahre galt das Unternehmen als eine „Perle der ostdeutschen Wirtschaft".[125]

Der Tridelta AG, die im Juli 1990 aus der KWH hervorgegangen war, schien eine sichere Privatisierung bevorzustehen. Dass dieser Eindruck entstand, lag auch an Andreas Montag. Der gerade einmal 35-Jährige war bereits im Oktober 1989 zum Generaldirektor des VEB Keramische Werke Hermsdorf berufen worden. Ab Juli 1990 fungierte er als Vorstandsvorsitzender der Tridelta und fütterte von dieser Position aus die Presse mit markigen Worten: Wer die Gründerzeit in Ostdeutschland nutze, werde zu den Gewinnern gehören, sagte er im Oktober 1990. Viele ehemalige DDR-Bürger würden jetzt schon merken, dass es Spaß mache, zu den Gewinnern zu gehören – „weil man sich dann auch wieder mehr Spaß leisten kann".[126] Das kam an. Im November 1990 wurde Montag vom Manager Magazin zum „herausragenden Ostmanager" ausgezeichnet.[127]

Montag wartete aber nicht nur mit Sprüchen, sondern auch mit markigen Ideen auf: So wollte er Tridelta schnell an die Börse bringen. Dafür holte er sich Rat von der Personalberatungsgesellschaft Kienbaum Consultants aus Köln sowie von der Deutschen Bank. Sie, so wünschte sich das Montag, würde an der Spitze eines Bankenkonsortiums stehen, das von der Treuhand 100 Prozent der Tridelta-Aktien übernehmen sollte. Durch solche Beteiligungsgesellschaften der Banken sollte das Aktienpaket für drei Jahre „klassisch geparkt" werden.[128] „Die Banken stehen Schlange", meinte Montag.[129] In den drei Jahren sollte ein Sanierungskonzept greifen. Montag begann auch schon mit den ersten Entlassungen – unter anderem entließ er seine eigene Frau: „Wie hätte ich sonst der Belegschaft erklären können, dass soziale Härten unumgänglich sind," begründete er den Schritt.[130]

Die Gewerkschaften waren angesichts von Montags Vorhaben von Beginn an weniger euphorisch. Sybille Kaiser, Betriebsrätin bei Tridelta, sagte im August 1990: „Die Stimmung ist zur Zeit nicht besonders gut." Sie sei „sehr skeptisch" gegenüber den Plänen und fürchtete den Abbau von Arbeitsplätzen.[131]

Skeptisch war auch die Treuhand. Sie hätte dem Verkauf an das Bankenkonsortium zustimmen müssen. Statt Zusagen, so die Treuhand, habe es jedoch nur Interessensbekundungen der Banken gegeben. Die Treuhand zögerte deshalb und verhandelte mit anderen Interessenten. Währenddessen kam die Tridelta AG zunehmend in Zahlungsschwierigkeiten, was Montag im Februar 1991 noch als halb so schlimm empfand: „Zugegeben, wir haben im letzten Halbjahr noch 75 Millionen D-Mark Verluste geschrieben, aber schon in diesem Jahr werden wir den break-even-point erreichen und 1992 wird kräftig Gewinn eingefahren."[132]

Der Break-Even-Point wurde jedoch schon im Sommer 1991 erreicht, allerdings anders als vom „meistinterviewten Manager der Ex-DDR" gedacht:[133] Die Tridelta AG wurde neu geordnet, Andreas Montag gekündigt. Treuhand-Vizepräsident Hero Brahms sah Montags Konzept als „vollkommen gescheitert". Mit der Neuaufteilung versprach sich die Treuhand größere Chancen bei der Privatisierung. Zudem wollte sie alle Betriebsteile abstoßen, die nicht bis zum 30. Juni 1992 privatisiert waren.[134]

Bevor es dazu kommen konnte, stand aber der Abbau von Arbeitsplätzen an: Von den Anfang 1991 noch 5000 Beschäftigten, sollten zunächst 3000, dann nur noch 1020 am Ende des Jahres übrig bleiben. Ralf Tänzer, Bevollmächtigter der IG Metall Jena, gab der Treuhand mit ihrer „scheibchenweisen Abbautaktik" eine Mitschuld am Niedergang des Unternehmens.[135]

Als dann 1400 Mitarbeitern Anfang September 1991 die Kündigung ausgehändigt wurde, formierte sich Widerstand in der Belegschaft – und nicht nur bei Tridelta. Weil es anderen Unternehmen in Ost-Thüringen ähnlich erging, drohte insgesamt 30000 Menschen in Metallbetrieben der Region der Verlust ihres Arbeitsplatzes. Daher gingen sie am 20. September 1991 geschlossen auf die Autobahn am Hermsdorfer Kreuz. Die IG Metall und der Hermsdorfer Betriebsrat der Tridelta verfassten eine Resolution. Darin hieß es: „Das versprochene Licht am Ende des Tunnels darf nicht die Lokomotive sein, die uns überrollt."[136]

Der Protest war einer der Gründe, warum Tridelta gerettet wurde. Die Arbeiter rangen sowohl der Treuhand als auch der Landespolitik die Zusicherung ab, Tridelta nicht pleitegehen zu lassen. Hinzu kam, dass sich im Dezember 1991 ein „Retter von Tridelta" auftat:[137] Niemand Geringeres als Lothar Späth traf sich in Hermsdorf mit Lokalpolitikern, um über einen Kauf von Tridelta zu verhandeln. Der langjährige baden-württembergische Ministerpräsident hatte im Juni 1991 die Jenoptik GmbH als Geschäftsführer übernommen, den Nachfolger des VEB Carl Zeiss Jena. Kommunalpolitiker und Beschäftigte begrüßten sein mögliches Engagement. Die Treuhand tat das ebenfalls, trat aber erneut auf die Bremse.[138]

Denn Späth stellte harte Forderungen an die Übernahme: Die Treuhand sollte die Altkredite in Höhe von 200 Millionen D-Mark übernehmen, die Sanierung mit über 200 Millionen D-Mark unterstützen und Tridelta für einen symbolischen Preis von einer Mark verkaufen. Die Treuhandanstalt zögerte zunächst, stimmte den Forderungen aber schließlich zu. Ein Treuhandsprecher meinte nach dem Abschluss des Verkaufs im Frühjahr 1992: „Mehrere solcher Fälle [...] können wir uns nicht leisten."[139] So übernahm Jenoptik Tridelta am 30. Juni 1992 und sicherte auch 2700 Mitarbeitern den Arbeitsplatz. Fünf Jahre später zog sich Jenoptik zwar wieder von Tridelta zurück, das bedeutete aber keineswegs das Aus für die Keramikherstellung in Ost-Thüringen. Heute lebt die Tridelta-Tradition nicht nur am Hermsdorfer Kreuz, sondern weltweit in 90 Firmen fort.[140]

Zerschlagen oder Zusammenhalten?
Die Abwicklung des Schwermaschinenbau-Kombinats „Ernst Thälmann"

Eines Morgens war der Thälmann weg. Einfach verschwunden war es, das drei Meter hohe Denkmal des kommunistischen Arbeiterführers, der die Beschäftigten des Magdeburger Schwermaschinenbau-Kombinat „Ernst Thälmann" (kurz: SKET) täglich mit dem Arbeiterkampfgruß willkommen hieß. Karl-Wilhelm Marx, der neue Vorstandsvorsitzende aus Salzgitter, hatte die Statue im Oktober 1992 heimlich entfernen lassen.

Marx wollte sich nicht nur symbolisch von der belasteten Vergangenheit trennen. Er war angetreten, das prestigeträchtige Unternehmen zu sanieren – was bedeutete, es vor allem zu verkleinern und aufzuspalten. Mit seinem Sparprogramm avancierte Marx in nicht einmal zwei Monaten zum Sinnbild des emotionslosen westdeutschen Managers, der keine Rücksicht auf die stolze Geschichte des Unternehmens, geschweige denn seiner Arbeiter nahm. Nach vehementen Protesten der ehemaligen Thälmannwerker verließ Marx Magdeburg im Dezember geradezu fluchtartig.

Die Frage, vor der die Treuhand bei SKET stand, sollte die

1990: „Eine relativ gute Auftragslage hat die SKET Maschinen- und Anlagenbau AG Magdeburg. Das ehemalige Kombinat will seine Marktanteile in Osteuropa erhalten und in Westeuropa ausbauen." (Quelle: BArch, Bild 183-1990-1120-001/Foto: Wolfgang Kluge)

Behörde bei zahlreichen DDR-Betrieben beschäftigen: Sollte man die teilweise über 10 000 Mitarbeiter großen Kombinate in mehrere kleine Unternehmen zerschlagen oder als ein großes Unternehmen erhalten? Die Großbetriebe waren wichtige Arbeitgeber für ganze Landstriche, so brachte der damalige Betriebsratsvorsitzende von SKET, Claus-Jürgen Wieblitz, im Dezember 1992 den Konflikt auf den Punkt: „Stirbt Sket, dann stirbt die Region. Aus Magdeburg wird Magdedorf."[141] Mit der Abwicklung von SKET, so die Befürchtung vieler, ginge nicht nur ein Unternehmen zugrunde, sondern auch das lokale sozioökonomische Gefüge. Das war gewiss übertrieben. Aber diese Angst entsprang 1992 einem weit verbreiteten wirtschaftlichen Bedrohungsszenario: auf der einen Seite die Angst vor weiter steigenden Arbeitslosenzahlen, auf der anderen Seite die Bedeutung von SKET als großem Kombinat, das die Region geprägt hatte und den Menschen Sicherheit gab – was würde geschehen, wenn diese Struktur sich auflöste? Die versprochenen „blühenden Landschaften" rückten damit in weite Ferne.

Denn das Schwermaschinenbau-Kombinat, beziehungsweise sein Nachfolger, waren nicht einfach Unternehmen, die Walzstraßen oder Krane produzierten. Die ursprüngliche Fabrik war im 19. Jahrhundert gegründet und 1893 in den Krupp-Konzern eingegliedert worden. Für den Ersten Weltkrieg wurden unter anderem beträchtliche Mengen an Kanonenrohren in Magdeburg produziert. Auch im Zweiten Weltkrieg lief die Produktion auf Hochtouren. Doch 1945 waren 80 Prozent des Werks zerstört. Die Sowjetunion ließ fast die Hälfte der Anlage abtransportieren. Als nach einigen Umwandlungen und Umbenennungen am 1. Januar 1969 das VEB Schwermaschinen-Kombinat „Ernst Thälmann" gegründet wurde, entstand also nicht nur eines der größten Maschinenkombinate der DDR, gleichzeitig knüpfte man an eine wirtschaftlich erfolgreiche Traditionslinie an. 1989 erzielten die 30 000 Mitarbeiter in den 18 Betrieben einen Umsatz von 3,7 Milliarden DDR-Mark.[142] Mehr als ein Drittel der Beschäftigten arbeitete in Magdeburg. An dieses riesige Konglomerat waren auch zahlreiche Kindergärten, Schulen und Kneipen angeschlossen.[143]

Nach der Wiedervereinigung wurden 8 der 18 Betriebe in die SKET Maschinen- und Anlagenbau AG zusammengeführt. Schon im Sommer 1990 bescheinigte der damalige Treuhand-Chef Detlev Rohwedder dem Unternehmen „Förderungswürdigkeit".[144] Doch die Abwicklung von SKET wurde zu einer der „schwierigsten Aufgaben der Treuhand".[145] Der von der Treuhand im August 1990 eingesetzte Vorstandschef, Klaus Oberländer, befürchtete nach seinem Amtsantritt bereits das Schlimmste: „Wenn wir den UdSSR-Markt schlagartig verlieren, ist die Katastrophe da!"[146]

Mit dieser Vorahnung sollte Oberländer recht behalten: Mit dem Zusammenbruch der politischen Systeme in Ost- und Mitteleuropa ab 1989 brachen für SKET auch die Absatzmärkte weg, ein großer Investor fand sich ebenfalls nicht. Der Umsatz sank in den ersten Jahren der Wiedervereinigung um dreistellige Millionenbeträge, die Mitarbeiterzahl fiel: von 30 000 auf 12 000, dann auf 9 800, schließlich auf 3 600 im Jahr 1992.[147]

Aber auch mit einem Zehntel der Belegschaft von 1989 war das Unternehmen wirtschaftlich weiterhin nicht marktfähig. Im Jahr 1992 befürwortete die Treuhand eine Sanierung von SKET. Sie wolle „den Sanierungsprozeß als Grundlage für eine spätere Privatisierung begleiten", verkündete Treuhand-Vizepräsident Hero Brahms.[148] Auch darum unterstützte sie die Pläne des neuen Vorstandsvorsitzenden Karl-Wilhelm Marx, der SKET im Herbst 1992 auf einen mittelständischen Betrieb mit nicht mehr als 1 000 Mitarbeitern verkleinern wollte. Bislang hatten die Mitarbeiter die starken Veränderungen, Einschnitte und Kürzungen weitgehend hingenommen, nun aber herrschte Unmut. Marx' Auftreten tat das Seinige: Einmal soll er den Arbeitern den Ratschlag gegeben haben, „nicht darauf zu schielen, daß wir hier in Ostdeutschland was Besonderes sind".[149] Die ehemaligen Thälmannwerker reagierten mit Protestparolen wie „Weg mit dem Wessismus" oder „Ein Marx hat uns gereicht".[150] Ende 1992 musste Marx seinen Posten räumen, doch die Diskussion um eine Zerschlagung von SKET hatte sich damit nicht erledigt.

Die Zerschlagung war politisch nicht gewollt. Auch die Treuhand wollte SKET zu diesem Zeitpunkt noch als ganzes Unternehmen erhalten. Bislang hatte sie die Sanierung des Traditionsunternehmens nur beratend unterstützt, 1993 sprang sie auch finanziell ein und sicherte SKET Finanzhilfen von einer Milliarde D-Mark zu – was sie nicht hätte tun dürfen, wie die EU-Kommission Jahre später feststellte.[151] Ein Privatisierungsversuch von 1994 bis 1996 scheiterte; Anfang 1996 wurde ein Sanierungskonzept beschlossen: 1 800 Mitarbeiter sollten fortan für SKET arbeiten. 1996 urteilte die Unternehmensberatung Roland Berger, SKET sei weder „sanierungs- noch überlebensfähig".[152]

Die Frage, ob SKET zusammengehalten oder zerschlagen werden müsse, kam im Oktober 1996 wieder auf – wobei sich sogar Bundeskanzler Helmut Kohl für das Unternehmen stark machte: „Der Laden muss erhalten bleiben", verkündete er in Magdeburg.[153] Auf einer Aufsichtsratssitzung sollte erneut ein Sanierungskonzept von Geschäftsführer Werner Kirchgässer beschlossen werden. Es hätte die Aufteilung von SKET in fünf Bereiche bedeutet. Die Vorstände der Bundesanstalt für vereinigungsbedingte Sonderaufgaben (BvS), also des Treuhand-Nachfolgers, befürworteten das Kirchgässer-Konzept. Doch die Gewerkschaftsvertreter im Aufsichtsrat verweigerten ihm die Unterstützung. Dadurch kam es zur Gesamtvollstreckung – und zur Zerschlagung. 1400 Beschäftigte wurden entlassen, 425 in fünf Auffanggesellschaften untergebracht, die nacheinander privatisiert wurden.

Vier von diesen fünf Nachfolgeunternehmen bestehen weiterhin. Allein die SKET Walzwerktechnik wurde nach wenigen Jahren liquidiert. Die anderen vier Unternehmen haben den Strukturwandel erfolgreich geschafft und sind auch heute noch in Magdeburg angesiedelt: So entwickelt die SKET EDV GmbH Softwarelösungen, die CPM SKET hat sich auf die Gewinnung und Veredelung von Pflanzenölen für die Ernährung spezialisiert, die SKET Verseilmaschinenbau GmbH ist in der Kabel- und Stahlseilindustrie und die SKET GmbH im Maschinen- und Anlagenbau tätig.[154] Aus einer riesigen SKET-Industriehalle soll bald ein Einkaufszentrum entstehen.[155]

Wenn man heute über das ehemalige SKET-Gelände in Magdeburg blickt, sind die Eindrücke durchaus ein wenig ländlicher als früher, schließlich produziert die SKET GmbH auch Windräder. Von dem befürchteten Magdedorf ist aber nichts zu sehen.

Vom Glücksfall zum Krimi
Wie sich die Treuhand in Rudolstadt hinters Licht führen ließ

Fast zwei Jahre hatten die Brüder Anurag und Sanjay Dalmia die deutsche Öffentlichkeit in dem Glauben gelassen, sie wären vertrauenswürdige Geschäftsleute. Stattdessen erlebte das Land nun einen spektakulären Fall, der einen besonderen Platz in der Liste an Kriminalfällen rund um die Arbeit der Treuhandanstalt einnahm: das hoffnungslose Unternehmen, die Retter aus dem Nichts, der Betrug. Mit der Festnahme der Brüder Dalmia am 23. Juni 1993 endete das, was als „Markstein der neuen deutsch-indischen Wirtschaftsbeziehungen" (Bundeskanzler Kohl) begonnen hatte, in einem „internationale[n] Wirtschaftskrimi".[156] Das Drehbuch für die Übernahme der Thüringischen Faser AG hätte gute Chancen auf einen Filmpreis gehabt.

Die Firmengeschichte des Chemieunternehmens aus Thüringen war bis dahin unspektakulär: In den 1930er Jahren hatte man im Rudolstädter Stadtteil Schwarza mit der Produktion von Zellwolle begonnen. Nach der Gründung der DDR wurde diese im VEB Thüringisches Kunstfaserwerk Wilhelm Pieck, später im VEB Chemiefaserkombinat Wilhelm Pieck zusammengefasst. Die gut 6 000 Angestellten, zum größten Teil Frauen, in zehn Kombinatsbetrieben stellten unter anderem Polyamidfasern her – besser bekannt als Dederon. Die DDR hatte das Wort „Dederon" erfunden, um das Material zumindest begrifflich von der Kunststofffaser Perlon aus der Bundesrepublik abzugrenzen. Die DDR-Bürger trugen Dederon in Form von Strumpfhosen, Herrenhemden oder Einkaufsbeuteln. Für große Beliebtheit sorgten zudem die bunten Dederon-Kittelschürzen, die in kaum einem DDR-Haushalt fehlten. Zu Spitzenzeiten wurden jährlich bis zu 20 000 Tonnen des Kunstfaserstoffs in Schwarza produziert.[157]

1966: „11 Omnisbuslinien [sic!] des VEB Kraftverkehr Rudolstadt, vertraglich vom VEB Chemiefaserwerk Schwarza gebunden, sorgen dafür, das [sic!] die 4700 Beschäftigten des Betriebes rechtzeitig und bequem zur Arbeit und wieder nach Hause kommen." (Quelle: BArch, Bild 183-E0425-0008-001/Foto: Peter Liebers)

Die Chemieproduktion im Süden Thüringens hatte allerdings starke Umweltverschmutzungen zur Folge. Die umliegenden Hügel des Schwarzatals waren in den 1980er Jahren nur noch grau, das Wasser der Schwarza, ein Zufluss der

Saale, verdreckt.[158] Nach der Wiedervereinigung interessierten sich kaum Investoren für die Fabrik des Chemiefaserkombinats, was unter anderem mit den weltweiten Überkapazitäten in der Textilindustrie zu tun hatte.[159] Obwohl die Schwarza-Belegschaft am 23. Mai 1990 für die Umwandlung in die Thüringische Faser AG gestimmt hatte,[160] waren die Aussichten dafür düster: Von den 6200 Mitarbeitern zu Jahresbeginn waren Ende 1990 nur noch 4100 übrig. Ein Jahr später urteilten die Prüfer des Leitungsausschusses der Treuhand, dass die Thüringische Faser AG „aus eigener Kraft nicht sanierungsfähig und -würdig" sei. Sie attestierten dem Unternehmen „Qualitätsmängel, [...] zu geringe Sortimentsbreite, [...] ungenügende Markt- und Marketing-Kenntnisse" und gaben dem Unternehmen die schlechteste Note auf der Treuhand-Skala, eine 6.2. Nicht zuletzt empfahlen die Prüfer, ein Gesamtvollstreckungsverfahren bis zum 31. Dezember 1991 durchzuführen.[161]

„Manchmal kommt über Nacht ein Glücksfall", freute sich der Vorstandschef der Thüringischen Faser, Gunter Schmidt, im Herbst 1991.[162] Der scheinbare Glücksfall war die indische Unternehmensgruppe Dalmia. Sie hatte die Thüringische Faser über ein Tochterunternehmen, die 21st Century Oils mit Sitz in Malaysia, für einen symbolischen Wert von einer D-Mark von der Treuhand gekauft. Geschäftsführer Sanjay Dalmia hatte versprochen, mindestens 1200 Arbeitsplätze zu erhalten und 150 Millionen D-Mark in Schwarza zu investieren.

Die Dalmia-Gruppe zählte 1991 zu einem der größten Unternehmen Indiens.[163] Ihre Schwerpunkte lagen in der Produktion von Zigaretten, Schwerchemie und Sodaasche. Sanjay Dalmia erklärte die Bandbreite so: „Es ist vollkommen normal in unserem Land, wenn wir viele verschiedene Dinge machen."[164] Anfang der 1990er Jahre kaufte die Gruppe, die auch heute noch existiert, in Europa bewusst „kranke" Unternehmen auf, um sie vermeintlich zu sanieren. Man wolle nun auch in Deutschland Fuß fassen, so Sanjay Dalmia bei der Übernahme. Ein Börsengang stehe ebenfalls bevor.[165] Der für die Chemiebranche zuständige Treuhanddirektor bezeichnete den Verkauf der Thüringischen Faser 1991 als „besonders erfreulich".[166] Und als der Fall später im 2. Treuhand-Untersuchungsausschuss des Bundestages 1994 besprochen wurde, bekam man den Eindruck, Politik und Treuhand schienen einfach nur froh, das Unternehmen überhaupt losgeworden zu sein. So antwortete ein Treuhand-Mitarbeiter auf die Frage, ob man die Bonität von Dalmia damals ausreichend geprüft habe, dass ihnen ein Firmenprospekt vorgelegt worden sei.[167] Das indische Unternehmen sei jedoch schon beim Kauf „überschuldet und zahlungsunfähig" gewesen, urteilte der 1993 eingesetzte Insolvenzverwalter für die Thüringische Faser, Winfrid Andres.[168]

Da war der Betrug bereits aufgeflogen. Das Unternehmen hatte von den versprochenen 150 Millionen D-Mark gerade einmal 500 000 D-Mark in das Fabrikgelände in Schwarza investiert. Es waren dort zwar noch 1 300 Mitarbeiter tätig, die Zahl sollte aber um 370 reduziert werden.[169] Am 11. Juni 1993 verlangte die Treuhand „für unterlassene Investitionen" von Dalmia 9 Millionen D-Mark zurück.[170] Das Problem: Niemand wusste so richtig, wem die Thüringische Faser eigentlich gehört und von wem man diese 9 Millionen D-Mark zurückfordern konnte. Die Dalmia-Gruppe hatte die Thüringische Faser dem Unternehmen 21st Century Oils mit Sitz in Malaysia zugeordnet. Das war aber Anfang 1993 pleitegegangen und hatte 90 Prozent der Faser-Aktien an die Takeda-Holding überwiesen, die ihren Sitz in der Steueroase Isle of Man hatte. „Wir kennen weder Hauptaktionäre noch Bilanzen", sagte der Prokurist der Thüringischen Faser, Hans-Joachim Kallis, am 17. Juni 1993.[171] Dalmia antwortete der Treuhand, die 9 Millionen D-Mark lägen sicher auf einem Festgeldkonto in Kuala Lumpur.[172]

Sechs Tage später, am 23. Juni, schaltete sich auch die Justiz ein. Die Berliner Staatsanwaltschaft ließ Sanjay und Anurag Dalmia, die wegen einer Aufsichtsratssitzung in Berlin weilten, sowie einen weiteren indischen Geschäftspartner festnehmen. Der Vorwurf: Verdacht der Untreue beziehungsweise Betrug.[173] Nach 24 Stunden Verhör und Festnahme wurden die drei indischen Unternehmer wieder freigelassen, da kein dringender Tatverdacht bestanden habe.

Die Brüder flogen aber umgehend nach Indien, wo sie der Treuhand schwere Vorwürfe machten: Die Berliner Behörde hätte aus fremdenfeindlichen Motiven gehandelt, um sie zu „demütigen". „Wenn von sechs Aufsichtsratsmitgliedern einer Firma nur die beiden Inder herausgegriffen werden, dann können Sie Ihre eigenen Schlüsse ziehen", sagte Sanjay Dalmia einer indischen Nachrichtenagentur. Bezogen auf die 24-stündige Festnahme ergänzte er: „Die Treuhand agierte sehr ähnlich der Gestapo von damals."[174]

Die Treuhand ihrerseits erkannte nun, dass die Dalmia-Brüder die Thüringische Faser „gegen den Baum fahren lassen" wollten, wie ein Treuhand-Sprecher sagte.[175] Sie ermittelte sogar, ob die Dalmia-Gruppe von Scientology beeinflusst wurde. Bei einem Treuhand-Betrugsfall in Neubrandenburg, der mit Dalmia in Verbindung stand, hatte es diesen Verdacht gegeben.[176]

Es waren Fälle wie diese, die die Treuhand in der Öffentlichkeit blamiert dastehen ließen. Während ihre Kritiker mit einem Schaden von mehreren Milliarden D-Mark für den Steuerzahler rechneten, wiegelte die Treuhand ab, es seien „nur" 300 Millionen. Sie gestand jedoch ein, dass der Wert des Vertrauensverlusts in die „Verteilungsgerechtigkeit der Wettbewerbswirtschaft" immens sei.[177] Die Betrugsfälle seien in erster Linie ein Ergebnis des hohen Privatisierungstempos der ersten beiden Jahre gewesen. Diese boten „hohe Anreize für kriminelle Investoren", schrieb die Zeit im Juli 1993.[178] Bei Dalmia hatte die Treuhand allerdings nicht die Bonität der Käufer unzureichend überprüft, sondern auch jegliche „Reaktion unterlassen, als die Erwerber vertragliche Verpflichtungen nicht erfüllten", wie der Untersuchungsausschuss 1994 feststellte.[179] Schon Anfang Juli 1993 hatte der Insolvenzverwalter Winfrid Andres bei der Thüringischen Faser die Vorstufe zum Konkursverfahren eröffnet. Er sollte sich nach neuen Investoren umsehen und nahm die Treuhand in die Pflicht: Sie könne die Faser ganz zurücknehmen oder sich zumindest mit einem dreistelligen Millionenbetrag beteiligen.[180] Eine Auffanggesellschaft wurde gegründet. Die Mitarbeiter fürchteten um ihre Arbeitsplätze und protestierten: „In Italien die Mafia, in Deutschland die Treuhand", stand auf einem Transparent.[181] Die Treuhand selbst beteiligte sich nicht an der Auffanggesellschaft, das Konzept sei „nicht tragfähig".[182] So sprang das Land Thüringen ein und stellte eine Liquiditätsgarantie aus. Die landeseigene Landesentwicklungsgesellschaft kaufte die Flächen.

Im Juni 1995 wurde die Thüringische Faser von einem US-Konzern übernommen. Mittlerweile ist das ehemalige Firmengelände in einen Industriepark mit 60 Firmen umgewandelt worden. Einer der Nachfolgebetriebe, die STFG Filamente GmbH, wurde 2011 von einem russischen Investor gekauft. Dort werden heute immer noch 6000 Tonnen Dederon im Jahr hergestellt.[183] Das Hauptexportland ist Indien.

Endstation Marktwirtschaft
Wie Treuhand und Bundesregierung den VEB Waggonbau Ammendorf erhalten wollten

„Im VEB Waggonbau Ammendorf [...] bauen rund 4500 Mitarbeiter Reisezugwagen, insbesondere Weitstrecken-Reisezug- und Restaurantwagen sowie Spezialwaggons für extreme Klimabedingungen. Der Betrieb strebt die Moder-

1964: „Frühstücks-‚Expreß' am Arbeitsplatz. Zweimal täglich, in der Früh- und Mittagsschicht, versorgt die Konsum-Betriebsverkaufsstelle im Waggenbau [sic!] Ammendorf die Werktätigen mit belegten Brötchen, Milch, alkoholfreien Getränken, Süß- und Tabakwaren am Arbeitsplatz." (Quelle: BArch, Bild 183-C1212-0004-001/Foto: Helmut Schaar)

nisierung von Produktionsmitteln und -stätten [...] an. Er sucht nach einem Unternehmen, das sich hieran beteiligt und bei der Realisierung hilft. Auskünfte erteilt Betriebsdirektor Hauschild."[184] Diese Anzeige wurde im Januar 1990 auf der sogenannten „Kooperationsbörse DDR" im Handelsblatt veröffentlicht und machte bereits die Schwierigkeiten des größten Waggonbetriebs der DDR deutlich: Weite Reisen in speziell ausgestatteten Reisewaggons kann man durch Sibirien unternehmen, aber nicht durch das Saarland. Die Produktion des Waggonherstellers war jedoch gänzlich auf die Bedürfnisse des großen DDR-Bruders Sowjetunion ausgelegt. Wie die anderen sechs DDR-Waggonbaubetriebe exportierte auch der Ammendorfer dorthin gut 80 Prozent seiner Herstellung.[185]

Lohnte es sich, solche Betriebe zu erhalten? Die Treuhand meinte, es müsse sich lohnen.

Immerhin hatte das Unternehmen aus Ammendorf seine Produktion stets den Bedürfnissen der Zeit angepasst: 1823 hatte der Sattlermeister Gottfried Lindner eine Sattlerwerkstatt in Halle gegründet. Ein halbes Jahrhundert später stellte man zunächst Pferdestraßenbahnen, dann elektrische Straßenbahnen her. 1900 zog die Firma von Halle ins nahegelegene Ammendorf, wo ab 1903 auch Güterwaggons gefertigt wurden. Nach dem Zweiten Weltkrieg wurde der Betrieb enteignet und 1946 in die Sowjetische Aktiengesellschaft Transmasch eingegliedert. 1952 wurde er in den VEB Waggonbau Ammendorf umfirmiert. Fortan produzierte man in Ammendorf hauptsächlich Weitstreckenwagen für die sowjetische Staatsbahn,[186] die den extremen klimatischen Bedingungen der Sowjetunion standhalten mussten. Seit 1984 bestand sogar eine Kooperation mit einem Werk in der russischen Stadt Twer. In einem Regierungsabkommen zwischen der DDR und der UdSSR beschloss man 1986, in Ammendorf ein drittes Werk zu bauen.

Als dieses „modernste und effektivste Werk in Europa"[187] 1992 eingeweiht wurde, hatten sich die noch Mitte der 1980er Jahre geltenden Voraussetzungen für Ammendorf allerdings grundlegend verändert: Die DDR gab es nicht mehr, ebenso wenig die Sowjetunion. Dennoch versuchte man, den Waggonbau im nun gegründeten Bundesland Sachsen-Anhalt zu erhalten. Zwar hatte sich 1990 kein ernsthafter Interessent auf die Verkaufsanzeige gemeldet, aber zumindest die Treuhand meldete sich im Laufe des Jahres: Sie fasste Ammendorf mit den anderen DDR-Waggonbauwerken in Bautzen, Berlin, Dessau, Görlitz, Niesky und Vetschau zur Deutschen Waggonbau AG (DWA) zusammen.

Die DWA war mit ihren 20 000 Mitarbeitern eines der größten Treuhand-Unternehmen.[188] Zwar brach auch für die DWA der Handel mit Ländern in Osteuropa und Asien weg; im Waggonbau geschah das jedoch nur langsam. Tatsächlich orderte die Sowjetunion sogar Ende 1990 noch 822 Reisezugwagen im Wert von 800 Millionen D-Mark, was dem Ammendorfer Betrieb zumindest für das Jahr 1991 volle Auftragsbücher bescherte und die Arbeit für die noch 4 000 Mitarbeiter sicherte.[189]

Wegen der zunächst noch guten Auftragslage für die Betriebe der DWA war die Treuhand nicht unter Zugzwang, sie zu privatisieren. Zwar meldeten große Unternehmen wie AEG und Preussag Interesse an, zogen aber ihre Kaufoptionen nicht – vor allem, weil das Ost-Geschäft als zu risikohaft bewertet wurde. Das Problem der DWA war ihre schiere Größe: Die DWA sei ein „Riesenbrocken [...], den keiner allein verdauen könnte"[190], hieß es in der Branche. In ihren sieben Betrieben hätten pro Jahr gut 4 800 Eisenbahnwaggons produziert werden können – ungefähr so viel wie in allen westdeutschen Eisenbahnwaggon-Fabriken zusammen.[191]

DWA-Vorstandschef Peter Witt sagte Anfang 1992: „Wir wissen, dass jeder Auftrag, der in unsere Werke geht, in der alten Bundesrepublik Arbeitsplätze gefährdet."[192] Die Treuhand hätte die DWA aufspalten und die einzelnen Betriebe an westdeutsche Käufer veräußern können. Dann aber wären die Überkapazitäten durch diese Käufer wahrscheinlich abgebaut und Mitarbeiter entlassen worden.

Das wollte die Treuhand vermeiden. Sie hatte im Jahr 1993 „industrielle Kerne" definiert, die es in den neuen Bundesländern unbedingt zu erhalten galt. Dazu zählten etwa die EKO Stahl AG in Eisenhüttenstadt, der Chemnitzer Werkzeug- und Textilmaschinenbau oder die SKET Maschinen- und Anlagenbau AG,[193] aber auch die Deutsche Waggonbau AG. Für die Bundesregierung bedeutete dieser Ansatz vor allem, dass sie diese industriellen Kerne mit finanzieller Unterstützung am Leben erhalten wollte, wie sie in einer Antwort auf die Anfrage eines PDS-Bundestagabgeordneten offenlegte: „Die Bemühungen der Treuhandanstalt um industrielle Kerne werden seitens der Bundesregierung im

Rahmen eines breiten strukturpolitischen Ansatzes flankiert durch den Einsatz öffentlicher Mittel."[194]

Deshalb hatte die Bundesregierung die DWA auch schon geraume Zeit unterstützt. Mitte 1992 erwirtschaftete die DWA immer noch 70 Prozent ihres Umsatzes in Russland, Weißrussland sowie der Ukraine – also in den Nachfolgestaaten der Sowjetunion, die sich Ende 1991 zur Gemeinschaft Unabhängiger Staaten (GUS) zusammengeschlossen hatten. „Ohne das Geschäft mit den GUS-Staaten wäre die DWA ein Torso", konstatierte Peter Witt.[195] Diese Geschäfte kamen oft nur zustande, weil die Bundesregierung sie mit sogenannten Hermes-Bürgschaften finanzierte. Damit waren die deutschen Unternehmen vor ausbleibenden Zahlungen durch die Geschäftspartner im Ausland versichert. Von 1991 bis 1993 hatte die Bundesregierung über 4,1 Milliarden D-Mark solcher Hermes-Bürgschaften für Waggonlieferungen in die GUS bereitgestellt.[196]

Als jedoch Bonn 1993 diese Hermes-Bürgschaften einfrieren wollte, weil Russland seinen Zahlungsverpflichtungen nicht nachkam, drohte ein Großteil der Aufträge wegzubrechen. Der ehemalige Außenminister und gebürtige Hallenser Hans-Dietrich Genscher schrieb einen Brandbrief an den damaligen Bundeswirtschaftsminister Günter Rexrodt (FDP): „Es darf nicht dazu kommen, daß der Waggonbau in Ostdeutschland gänzlich zum Erliegen kommt".[197] Denn die drohende Einstellung der Produktion in Ammendorf, so Genscher, würde schwerwiegende wirtschaftliche und soziale Folgen nach sich ziehen. Die Intervention wirkte. Die Bundesregierung sagte zu, zumindest teilweise wieder Hermes-Bürgschaften zu gewähren.

Aber die Intervention wirkte nur kurz. Im Frühjahr 1994 stieg die russische Regierung aus einem Großauftrag über die Lieferung von 380 Reisezugwagen aus, wodurch die Beschäftigten in Ammendorf in Kurzarbeit treten mussten.[198] In den anderen Betrieben sah es ähnlich aus. Im Herbst 1994 arbeiteten nur noch 6 600 Personen für die DWA, die Helmut Kohl als „Leuchtturm der ostdeutschen Industrie" bezeichnet hatte.[199] Als im Laufe des Jahres 1994 immer noch kein Käufer für den größten noch verbliebenen Treuhand-Betrieb bereitstand, die Treuhand selbst aber ihre eigene Abwicklung zum Jahresende 1994 bekanntgab, wuchs die Verzweiflung in den Waggonbetrieben. Im September streikten die Angestellten – kurz vor der Bundestagswahl. Um die Mitarbeiter zu beruhigen, stellte die Treuhand weitere Millionenhilfen bis Ende 1994 in Aussicht.[200]

Das Versprechen konnte nicht darüber hinwegtäuschen, dass die Treuhand in den vergangenen gut vier Jahren mit 40 Investoren erfolglos verhandelt hatte. 1994 sagte auch noch Siemens ab, eine der letzten Hoffnungen. Als alles schon darauf hinauslief, die DWA auch im Treuhandnachfolger BvS weiterzuführen, gab es Ende 1994 die Überraschung: Am 14. Dezember teilte die Treuhand den Verkauf der DWA an die amerikanische Investorengruppe Advent mit. Das geschah unter erheblichen finanziellen Zugeständnissen und Missbilligung der Gewerkschaften. Sie sahen die DWA wegen des Kaufpreises von 113 Millionen D-Mark „schlichtweg verhökert" und fürchteten einen drastischen Abbau von Arbeitsplätzen.[201]

Vorerst war der Waggonbau in Ammendorf und den anderen Produktionsstätten der DWA gerettet. 1998 verkaufte Advent die DWA an das kanadische Unternehmen Bombardier. Als die Kanadier das Ammendorfer Werk 2002 wegen der schlechten Auftragslage schließen wollten, stieg im Jahr der Bundestagswahl Bundeskanzler Gerhard Schröder zum „Retter von Ammendorf" auf.[202] „Wir basteln das schon hin miteinander", hatte er den Mitarbeitern versprochen und die Produktion gesichert.[203] Die Bastelei wurde noch drei weitere Jahre fortgeführt. Als Bombardier das Werk in Ammendorf 2005 endgültig schloss, hatte auch die Politik mit dem ehemaligen DDR-Waggonbau abgeschlossen, der ein „industrieller Kern" der wirtschaftlichen Infrastruktur in den neuen Bundesländern hätte werden sollen und der den Steuerzahler mindestens 300 Millionen Euro gekostet hatte.[204]

Anmerkungen

1 Beschluß zur Gründung der Anstalt zur treuhänderischen Verwaltung des Volkseigentums (Treuhandanstalt) vom 1. März 1990. In: Gesetzesblatt der Deutschen Demokratischen Republik, 8.3.1990. www.ddr89.de/texte/gesetz1.html (8. Januar 2020).

2 Vgl. Krell, Detlev: Tageszeitung, Das stille Ende von Pentacon, 6. Oktober 1990.

3 Pressemitteilung der Treuhandanstalt, Stilllegung bei Pentacon, 2. Oktober 1990. BArch B 412/2543. S. 109.

4 Presse- und Informationsamt der Bundesregierung, Bulletin Nr. 118, 5. Oktober 1990, S. 1225–1226. http://www.chronik-der-mauer.de/material/180425/rundfunk-und-fernsehansprache-von-bundeskanzler-helmut-kohl-2-oktober-1990 (18. Dezember 2019).

5 Berliner Zeitung, Pentacon liebäugelt mit Nikons aus Japan, 10. April 1990.

6 Vgl. Höllhuber, Dietrich: Die Zeit, Ein anderes Bild von Dresden, 6. Februar 2013.

7 Vgl. Neue Zeit, Haben Dresdner Kameraproduzenten schon das Ende im Visier? 1. August 1990.

8 Vgl. Neues Deutschland, Voraussetzung ist Gesetz für Betriebe, 19. Dezember 1989.

9 Vgl. Der Spiegel, „Die heben einfach die Hände", 25. Juni 1990.

10 Vgl. Neue Zeit, Loch im Etat, 18. Juli 1990.

11 Vgl. Vorlage für die Sitzung des Vorstands der Treuhandanstalt am 2. Oktober 1990. BArch B 412/2542. S. 99 ff.

12 Vgl. Handelsblatt, Pentacon-Exitus kommt nicht überraschend, 5. Oktober 1990.

13 Vgl. Der Spiegel, „Die heben einfach die Hände", 25. Juni 1990.

14 Vgl. Neue Zeit, Loch im Etat, 25. Juli 1990.

15 Vgl. Lagebericht Nr. 2, gegeben vom Vorstand der Treuhandanstalt vor dem Verwaltungsrat am 30. Juli 1990, Berlin. BArch B 412/8834. S. 85.

16 Vgl. Handelsblatt, Pentacon. Sanierungskonzept des traditionsreichen Dresdner Kameraherstellers gescheitert? 27. Juli 1990.

17 Christ, Peter: Die Zeit, Roßkur ohne Medizin, 10. August 1990.

18 1. Sitzung des Leitungsausschusses, Ergebnisprotokoll, 30. August 1990. BArch B 412/16257. S. 5 ff.

19 Loke, Matthias: Berliner Zeitung, Pentacon probt Pilot-Projekt, 4. Dezember 1990.

20 Vgl. Böick, Marcus: Die Treuhandanstalt 1990–1994. Erfurt 2015. S. 25.

21 Vgl. Pressemitteilung der Treuhandanstalt, Zur Diskussion über Beschäftigungsgesellschaften, 18. Juni 1991. BArch B 412/2585. S. 489 ff.

22 Vgl. Neue Zeit, Qualifizierungszentrum Pentacon, 1. Dezember 1990.

23 Der Spiegel, „Aufschwung im Geist", 3. Dezember 1990.

24 Vgl. Rahrisch, Sandro: Sächsische Zeitung, Das Erbe der Treuhand, 26. Juni 2015.

25 Vgl. Der Spiegel, Wer wen melkt, 17. September 1990.

26 Frankfurter Rundschau, Turbulenzen im Doppelbett von Ost und West, 30. Juli 1990.

27 Vgl. Der Spiegel, Wer wen melkt, 17. September 1990.

28 Vgl. Handelsblatt, Interhotels mit rückläufiger Auslastung, 11. Juli 1990.

29 Vgl. Böick, Marcus: Die Treuhand. Idee – Praxis – Erfahrung 1990–1994. Göttingen 2018. S. 279.

30 Vgl. Handelsblatt, Steigenberger-Interhotel GmbH. Die große DDR-Hotelgruppe sieht in der Frankfurter Familiengesellschaft den „richtigen Partner", 30. Juli 1990.

31 Ebd.

32 Vgl. Christ, Peter: Die Zeit, Wie auf dem Bazar. Pannen und Ungereimtheiten bei den Geschäften der Treuhandanstalt, 31. August 1990.

33 Ebd.

34 Vgl. Handelsblatt, Interhotel. Zusammenschluss mit Steigenberger schlägt weiter Wellen, 1. August 1990.

35 Der Spiegel, Wer wen melkt, 17. September 1990.

36 Vgl. Christ, Peter: Die Zeit, Wie auf dem Bazar. Pannen und Ungereimtheiten bei den Geschäften der Treuhandanstalt, 31. August 1990.

37 Vgl. Tageszeitung, Treuhandbüro vorübergehend von Interhotel-Beschäftigten besetzt, 13. September 1990.

38 Alle: Handelsblatt, Heftige gewerkschaftliche Vorwürfe an die Adresse der Treuhandanstalt, 13. September 1990.

39 Der Spiegel, Wer wen melkt, 17. September 1990.

40 Vgl. Deutsche Presseagentur, Steigenberger drängt wegen Interhotels, 1. November 1990.

41 Handelsblatt, Rückzug aus Verträgen mit der ostdeutschen Hotelkette rasch dementiert, 24. Dezember 1990.

42 Vgl. ebd.

43 Vgl. Deutsche Presseagentur, Niederlage für Steigenberger, 15. August 1991.

44 Vgl. Erklärung der Treuhandanstalt zur Privatisierung der Deutschen Interhotel AG, 22. November 1991.

45 Vgl. Der Spiegel, Geldwerter Vorteil, 11. November 1991.

46 Vgl. Frankfurter Allgemeine Zeitung, Die Interhotels haben Sorge mit den Alteigentümern, 30. August 1994.

47 Vgl. Frankfurter Allgemeine Zeitung, Interhotel-Konzept kurz vor dem Abschluß, 1. November 1995, und Berliner Morgenpost, Blackstone kauft ostdeutsche Interhotels, 18. Dezember 2006.

48 Böick, Marcus: Berater in „blühenden Landschaften"? Wirtschaftsprüfer und Unternehmensberater bei der Treuhandanstalt. In: Vortrag auf dem Workshop „Transformation einer Volkswirtschaft. Neue Perspektiven auf die Geschichte der Treuhandanstalt". München, 31. Januar/1. Februar 2019.

49 Beschlußempfehlung und Bericht des 2. Untersuchungsausschusses „Treuhandanstalt", Drucksache 12/8404, 29. August 1994, Bonn, S. 70.

50 Aus dem Rohmaterial für plusminus: Treuhand-Akten: Wurde der Osten wirklich verramscht? Interview mit Christopher Schwarzer, https://www.daserste.de/information/wirtschaft-boerse/plusminus/video sextern/treuhand-akten-wurde-der-osten-wirklich-verramscht-100.html (13. Dezember 2019).

51 Vgl. Böick: Berater in „blühenden Landschaften". Vortrag.

52 Protokoll, Leitungsausschuss zur Elastic-Mieder GmbH, 14. Februar 1991. BArch B 412/16181. S. 293 ff.

53 Ergebnisprotokoll der 45. Sitzung des Leitungsausschusses, Berlin, 19. Februar 1991. BArch B 412/16181. S. 269 ff.

54 Vermerk zur Vorlage Leitungsausschuß, Excellent GmbH (Elastic Mieder) Zeulenroda, 12. September 1991. BArch B 412/16213. S.61 ff.

55 Vgl. Drost, Frank Matthias: Handelsblatt, Reprivatisierter Betrieb entwirft erfolgreich Marken-Wäsche, 21. April 1995.

56 Protokoll, Leitungsausschuss zur Elastic-Mieder GmbH, 14. Februar 1991. BArch B 412/16181. S. 293 ff.

57 Schwarzer, Christopher J.: Inside Ost. Vom West-Berater zum Ost-Unternehmer. München 2014. S. 94.

58 Drost, Frank Matthias: Handelsblatt, Reprivatisierter Betrieb entwirft erfolgreich Marken-Wäsche, 21. April 1995.

59 Vgl. Elias, Holger: Neues Deutschland, Auf der Messe in die hintere Ecke verbannt, 27. Januar 1993. Vgl. Hamel, Peter C.: Handelsblatt, Start in die Marktwirtschaft endgültig geschafft, 21. Januar 1997.

60 Vgl. Schwarzer: Inside Ost, S. 10.

61 Böick: Berater in „blühenden Landschaften". Vortrag.

62 Gespräch mit Heiner Hellfritzsch am 6. November 2019. Vgl. Jürgs, Michael: Die Treuhändler. Wie Helden und Halunken die DDR verkauften. München 1997. S. 388 f.

63 Reicherzer, Judith: Die Zeit, Em-bi-ou im VEB, 24. Mai 1991.

64 Vgl. ebd.

65 Vgl. Staude, Jörg: Neues Deutschland, Florieren. Auch wenn alles ringsum auf Talfahrt ist, 10. Dezember 1990.

66 Vgl. Handelsblatt, Unternehmer der Woche. Heiner Hellfritzsch hat der alten Ost-Kosmetikmarke Florena ein Lifting verpasst, 19. November 1993.

67 Ebd.

68 Reicherzer, Judith: Die Zeit, Em-bi-ou im VEB, 24. Mai 1991.

69 Jürgs: Die Treuhändler. S. 388.

70 Gespräch mit Heiner Hellfritzsch am 6. November 2019.

71 Vgl. Jürgs: Die Treuhändler. S. 388. Heiner Hellfritzsch wollte die Zahl bei einem Gespräch am 6. November 2019 nicht bestätigen und sprach von „mehreren Millionen Mark".

72 Handelsblatt, Unternehmer der Woche: Heiner Hellfritzsch hat der alten Ost-Kosmetikmarke Florena ein Lifting verpasst, 19. November 1993.

73 Jürgs: Die Treuhändler. S. 388.

74 Vgl. Wulf, Torsten: Entwicklung ostdeutscher Unternehmen. Eine Fallstudienanalyse privatisierter Industrieunternehmen. Wiesbaden 2000. S. 104 f.

75 Vgl. Jürgs: Die Treuhändler. S. 384.

76 Vgl. Letzter Monatsbericht der Treuhand, September 1994. BArch B 412/24129. S. 9.

77 Vgl. Sirleschtov, Antje: Neue Zeit, Von echtem Schrot und Korn, 20. November 1993.

78 Vgl. Jürgs: Die Treuhändler. S. 391. Vgl. Neue Zeit, Von echtem Schrot und Korn, 20. November 1993.

79 Vgl. Der Tagesspiegel, Beiersdorf steigt bei Florena in Sachsen ein, 2. Mai 2001.

80 Vgl. Neue Zeit, Betriebsbesetzung wird fortgesetzt, 17. März 1993.

81 Vgl. Neues Deutschland, Hungerstreik in den Keradenta-Werken, 22. April 1993.

82 Speier, Peter F.: Focus, Wessis schlachten Ostfirmen aus, 17. Mai 1993.

83 Berliner Zeitung, Die „richtigen" Zähne, 22. September 1962.

84 Vgl. Neue Zeit, Neuartige Mineralzähne mit Weltniveau, 4. Oktober 1962. Vgl. Berliner Zeitung, 14 Millionen künstliche Zähne, 14. Juni 1977.

85 Vgl. Knispel, Manfred: Sächsische Zeitung, Konkurs der Keradenta führt zu Prozess, 17. August 2000.

86 Vgl. Handelsregister-Bekanntmachungen, Keradenta GmbH, 14. Oktober 1992.

87 Vgl. Kirsten, Uschi: Neues Deutschland, Keradenta will die Zähne zeigen, 4. März 1993.

88 Vgl. Knispel, Manfred: Sächsische Zeitung, Konkurs der Keradenta führt zu Prozess, 17. August 2000.

89 Ebd.

90 Alle: Speier, Peter F.: Focus, Wessis schlachten Ostfirmen aus, 17. Mai 1993.

91 Vgl. Hübner, Ralf: Neue Zeit, Den Betrieb nur ausgeplündert? 27. März 1993.

92 Vgl. Molitor, Andreas: Berliner Zeitung, Der Tag nach dem Konkurs der Elbewerft Boizenburg, 30. Mai 1997.

93 Speier, Peter F.: Focus, Wessis schlachten Ostfirmen aus, 17. Mai 1993.

94 Kirsten, Uschi: Neues Deutschland, Keradenta will die Zähne zeigen, 4. März 1993.

95 Neue Zeit, Zehn Mitarbeiter traten in Hungerstreik, 23. April 1993.

96 Vgl. Toth, Ingeborg: Sächsische Zeitung, Drei Jahre Haft für Totengräber der Keradenta, 7. November 2000.

97 Der Spiegel, „Ein Stück Kriminalgeschichte", 31. Dezember 1990.

98 Ebd.

99 Vgl. Kaluza, Jens et al.: Der Transformationsprozeß im Einzelhandel der neuen Bundesländer. In: Erwerbsarbeit und Beschäftigung im Umbruch. Hg. von Hildegard Nickel, Jürgen Kühl, Sabine Schenk. Berlin 1994. S. 185–206, hier S. 187.

100 Diese Zahl ermittelte die Treuhand später, vgl. Bernhardt, Wolfgang: Die Privatisierung des Handels in den neuen Bundesländern. In: Zeitschrift für Betriebswirtschaft. Ergänzungsheft, 1993, S. 39–52.

101 Schulte-Döinghaus, Uli/Student, Dietmar: Wirtschaftswoche, Neue Manager für die Privatisierung, 12. Oktober 1990.

102 Reicherzer, Judith: Die Zeit, Alltag nach dem Wahnsinn, 26. Juli 1991.

103 Vgl. Lebensmittel Zeitung, „Es war meine Vision, in Ostberlin Läden aufzumachen", 7. Juli 2000.

104 Vgl. Rediske, Michael: Tageszeitung, Volle Gewerbefreiheit in der DDR, 26. Januar 1990.

105 Vgl. Jahresabschluss Kaiser's Kaffee-Geschäft Aktiengesellschaft, Viersen, 31. Januar 1992, in: Bundesanzeiger. Jahresabschlüsse, Dokumentnummer: 5E9CF3D26F9B8F197DD43CC9D10B42C2.

106 Die Welt, IHK will jetzt Schwerins Treuhandleiter ablösen, 17. August 1990.

107 Die Wirtschaft, Kommune und Verbände dürfen nicht „Treuhand spielen", 12. September 1990.

108 Schulte-Döinghaus, Uli/Student, Dietmar: Wirtschaftswoche, Neue Manager für die Privatisierung, 12. Oktober 1990.

109 Gespräch mit Hans-Hugo Lavallée, 26. November 2019.

110 Vgl. Der Spiegel, „Ein Stück Kriminalgeschichte", 31. Dezember 1990. Vgl. Handelsregisterbekanntmachung, Schweriner Verbrauchermarkt, 19. August 1992.

111 Schulte-Döinghaus, Uli/Student, Dietmar: Wirtschaftswoche, Neue Manager für die Privatisierung, 12. Oktober 1990.

112 Rey, Manfred: Nürnberger Nachrichten, Bisher wenig Erfolge im schwierigen Vorhafen der Handelsprivatisierung im Osten Deutschlands, 9. Januar 1991.

113 Schulte-Döinghaus, Uli/Student, Dietmar: Wirtschaftswoche, Neue Manager für die Privatisierung, 12. Oktober 1990.

114 Vgl. Bericht zum Verkauf von HO-Immobilien für die Sitzung des Vorstandes der Treuhand am 20. Oktober 1992. BArch B 412/2705. S.18f.

115 Vgl. Handelsblatt, Die Gesellschaft zur Privatisierung des Handels zieht ihre Schlussbilanz, 22. August 1991.

116 Vgl. Bernhardt: Privatisierung des Handels, S. 49.

117 Vgl. Handelsblatt, Erster Einkaufs-Treff für ostdeutsche Produkte in Berlin, 5. Juli 1991.

118 Schulte-Döinghaus, Uli/Student, Dietmar: Wirtschaftswoche, Neue Manager für die Privatisierung, 12. Oktober 1990.

119 Handelsblatt, Moderater Ausblick. Durch Expansion im Osten in die Verlustzone geraten, 17. Dezember 1992.

120 Vgl. Lebensmittel Zeitung, Kaiser's entläßt weitere Mitarbeiter im Osten, 8. Dezember 1995.

121 Vgl. Lebensmittel Zeitung, Kaiser's gibt Schweriner Filialen ab, 13. November 1998.

122 Deutsche Presseagentur, Tausende blockierten Autobahn Berlin – Nürnberg, 20. September 1991.

123 Vgl. Der Spiegel, Sanierung – Thüringer Modell, 18. Mai 1992.

124 Vgl. Neumann, Günter: Neues Deutschland, Vom Kombinat zum Konzern in 180 Tagen, 8. August 1990.

125 Der Spiegel, Sanierung – Thüringer Modell, 18. Mai 1992.

126 Drost, Frank Matthias: Handelsblatt, Der Einigungsvertrag schafft für Unternehmen Rechtssicherheit, 2. Oktober 1990.

127 Manager Magazin, Seltsamer Sonderfall. Verkauf der Tridelta an Bankenkonsortium, 1. Februar 1991.

128 Vgl. Handelsblatt, Ehrgeizige Ziele. Nach der Sanierung ist der Gang an die Börse geplant, 28. September 1990.

129 Ebd.

130 Handelsblatt, Manager der Woche. Andreas Montag will Tridelta noch in diesem Jahr in die Gewinnzone fahren, 22. Februar 1991.

131 Neumann, Günter: Neues Deutschland, Vom Kombinat zum Konzern in 180 Tagen, 8. August 1990.

132 Handelsblatt, Manager der Woche. Andreas Montag will Tridelta noch in diesem Jahr in die Gewinnzone fahren, 22. Februar 1991.

133 Wirtschaftswoche, Treuhand: Hauruck-Aktion, 12. Juli 1991.

134 Vgl. Der Spiegel, Sanierung – Thüringer Modell, 18. Mai 1992.

135 Neue Zeit, Entlassungen im Hermsdorfer Tridelta-Werk, 14. September 1991.

136 Deutsche Presseagentur, Tausende blockierten Autobahn Berlin – Nürnberg, 20. September 1991.

137 Süddeutsche Zeitung, Lothar Späth als Retter von Tridelta im Gespräch, 24. Januar 1992.

138 Vgl. Handelsblatt, Berliner Treuhandanstalt verlangt symbolischen Preis von einer DM, 26. März 1992.

139 Der Spiegel, Sanierung – Thüringer Modell, 18. Mai 1992.

140 Vgl. Müller, Hanno: Thüringer Allgemeine, Tridelta Hermsdorf fast von Treuhand in Ruin getrieben, 23. Oktober 2012.

141 Der Spiegel, „Weg mit dem Wessismus", 21. Dezember 1992.

142 Vgl. Ladwig, Eckhard: „Krupp und Krause" wird neu inszeniert. Schwer-

maschinenbau-Kombinat (SKET) Magdeburg. In: Kombinate. Was aus ihnen geworden ist. Hg. von Die Wirtschaft. Berlin 1993. S. 272.

143 Vgl. Schmid, Klaus-Peter: Die Zeit, Aufstand in Magdeburg? 18. Oktober 1996.

144 Vgl. Deutsche Presse-Agentur, Magdeburger SKET: Mit westlichen Partnern Marktwirtschaft meistern, 23. August 1990.

145 Frankfurter Allgemeine Zeitung, Im zweiten Anlauf den Sprung geschafft, 1. März 2005.

146 Ladwig: „Krupp und Krause". S. 275.

147 Vgl. Tageszeitung, Chronik einer Pleite, 16. Oktober 1996.

148 Deutsche Presse-Agentur, Treuhand will Magdeburger SKET bei Sanierung unterstützen, 13. März 1992.

149 Der Spiegel, „Weg mit dem Wessismus", 21. Dezember 1992.

150 Ebd.

151 Vgl. Mitteilung der Europäischen Kommission, IP/97/904, Die Kommission eröffnet das Verfahren betreffend zwei Unternehmen der SKET, 21. Oktober 1997.

152 Der Spiegel, Rapport in Brüssel, 7. Oktober 1996.

153 Bath, Dominik: Magdeburger Volksstimme, Schicksalsstunden im Nobelhotel, 19. Oktober 2016.

154 Vgl. Frankfurter Allgemeine Zeitung, Im zweiten Anlauf den Sprung geschafft, 1. März 2005.

155 Vgl. Bendigs, Christian: Magdeburger Volksstimme, Neues Gewerbe auf einstigem Sket-Gelände, 11. März 2019.

156 Süddeutsche Zeitung, Wirtschaftskrimi bringt Treuhand in Bedrängnis, 24. September 1993.

157 Vgl. Mitteldeutscher Rundfunk, Dederon – Die Wunderseide aus Schwarza.   https://www.youtube.com/watch?v=m5MiSamPRu4 (13. Dezember 2019).

158 Vgl. ebd.

159 Vgl. Müller, Hanno: Thüringer Allgemeine Zeitung, Verkauft an windige Investoren aus Indien, 19. Juli 2012.

160 Vgl. ebd.

161 Protokoll der 94. Sitzung des Leitungsausschusses am 22. August 1991. BArch B 412/2598. S. 191 ff. Vgl. Beschlußempfehlung und Bericht des 2. Untersuchungsausschusses „Treuhandanstalt" nach Artikel 44 des Grundgesetzes, Drucksache Nr. 12/8404, 31. August 1994, S. 343 f.

162 Neubauer, Ralf: Die Zeit, Preis der Eile, 2. Juli 1993.

163 Vgl. Neue Zeit, Erster Verkauf an Inder, 30. Oktober 1991.

164 Hönig, Joachim: Handelsblatt, Dalmia Group. Arbeitsplätze der Thüringischen Faser AG sollen erhalten bleiben, 28. Januar 1993.

165 Vgl. Hönig, Joachim: Handelsblatt, Dalmia Group. Arbeitsplätze der Thüringischen Faser AG sollen erhalten bleiben, 28. Januar 1993. Vgl. Neue Zeit, Erster Verkauf an Inder, 30. Oktober 1991.

166 Neue Zeit, Erster Verkauf an Inder, 30. Oktober 1991.

167 Vgl. Müller, Hanno: Thüringer Allgemeine Zeitung, Verkauft an windige Investoren aus Indien, 19. Juli 2012.

168 Süddeutsche Zeitung, Wirtschaftskrimi bringt Treuhand in Bedrängnis, 24. September 1993.

169 Vgl. Handelsblatt, Thüringische Faser plant weitere 370 Entlassungen, 30. März 1993.

170 Vgl. Handelsblatt, Treuhandanstalt will von Dalmia 9 Mill. DM zurück, 11, Juni 1993.

171 Handelsblatt, Liquidität der Faser AG ist gefährdet, 17. Juni 1993.

172 Vgl. Schreiben Dalmia Brothers Private Limited an Birgit Breuel, 14. Juni 1993. BArch B 412/2759. S. 801.

173 Vgl. Handelsblatt, Thüringische Faser AG. Rücknahme durch Treuhand? 25. Juni 1993.

174 König, Hilmar: Neue Zeit, Dalmia ist in Indien kein unbeschriebenes Blatt, 19. Juli 1993.

175 Handelsblatt, Thüringische Faser AG. Entzug von Liquidität, 24. Juni 1993.

176 Vgl. Bauschke, Christian: Berliner Zeitung, Treuhand prüft Scientology-Einfluß, 30. Juni 1993.

177 Tageszeitung, Vertrauensschwund schlimmer als Geldverlust, 29. Juni 1993.

178 Neubauer, Ralf: Die Zeit, Preis der Eile, 2. Juli 1993.

179 Behling, Klaus: Die Treuhand. Wie eine Behörde ein ganzes Land abschaffte. Berlin 2015. S. 372 ff.

180 Vgl. Handelsblatt, Thüringische Faser AG. Finanzielle Hilfen? 24. September 1993.

181 Associated Press, 2.000 demonstrierten gegen industriellen Kahlschlag, 19. Oktober 1993.

182 Protokoll der Sitzung des Treuhand-Vorstands am 12. Oktober 1993. BArch B 412/2784. S. 23.

183 Vgl. Mitteldeutscher Rundfunk: Dederon – Die Wunderseide aus Schwarza.   https://www.youtube.com/watch?v=m5MiSamPRu4 (13. Dezember 2019).

184 Handelsblatt, Kooperationsbörse DDR, 17. Januar 1990.

185 Vgl. Handelsblatt, Deutsche Waggonbau. Joint Venture mit UdSSR-Unternehmen, 16. November 1990.

186 Vgl. Handelsblatt, Deutsche Waggonbau. Russlandauftrag über 822 Reisezugwagen, 17. Dezember 1990.

187 Handelsblatt, Neues Werk eröffnet. Joint Venture mit russischer Fabrik, 26. Juni 1992.

188 Vgl. Jürgen Heinrich, Berliner Zeitung, Sand auf Schienen, 4. September 1992.

189 Vgl. Handelsblatt, Deutsche Waggonbau. Russlandauftrag über 822 Reisezugwagen, 17. Dezember 1990.

190 Handelsblatt, Deutsche Waggonbau. Schwierige Privatisierung des Unternehmens durch Überkapazitäten in der Branche und starke Ostexport-Orientierung, 24. Januar 1991.

191 Vgl. Neubauer, Ralf: Die Zeit, Ein zweites Bischofferode? 27. August 1993.

192 Handelsblatt, Deutsche Waggonbau. Schwierige Privatisierung des Unternehmens durch Überkapazitäten in der Branche und starke Ostexport-Orientierung, 24. Januar 1992.

193 Vgl. Böick: Die Treuhand. S. 499. Siehe auch S. 70 in diesem Buch.

194 Antwort der Bundesregierung auf die Große Anfrage des Abgeordneten Dr. Fritz Schumann und der Gruppe der PDS/Linke Liste: Erneuerung industrieller Kerne vom 2. November 1993, Bonn, Drucksache 12/7745, 30. Mai 1994.

195 Neubauer, Ralf: Die Zeit, Ein zweites Bischofferode? 27. August 1993.

196 Vgl. Antwort der Bundesregierung Anfrage Dr. Fritz Schuhmann, Drucksache 12/7745.

197 Ebd.

198 Vgl. Deutsche Presse-Agentur, Kurzarbeit bei Waggonbau Ammendorf, 1. April 1994.

199 Frankfurter Allgemeine Zeitung, DWA baut ein Drittel der Belegschaft ab, 18. Oktober 1994, und Der Spiegel, Bis auf die Unterhose, 19. September 1994.

200 Vgl. Oldag, Andreas: Süddeutsche Zeitung, Wer stellt die Weichen für die DWA-Privatisierung? 12. September 1994.

201 Süddeutsche Zeitung, Advent sorgt für Ärger kurz vor Weihnachten, 16. Dezember 1994.

202 Brychcy, Ulf: Süddeutsche Zeitung, Schröder als „Retter" von Ammendorf gefeiert, 29. Januar 2002.

203 Winter, Steffen: Der Spiegel, Bastelei mit Millionen, 22. März 2004.

204 Vgl. ebd.

3 Der lange Schatten der Treuhand
Michael Schönherr

Kein Ende in Sicht
Die ewigen Kosten der Treuhand

Letzter Auftritt am 30. Dezember 1994 in Berlin. Birgit Breuel schraubt am Eingangstor der Treuhandanstalt symbolisch das Treuhand-Schild ab. Es wurde am Vortag eigens für diesen Tag angebracht. Die Präsidentin der einstmals größten Staatsholding der Welt resümiert vor versammelter Presse, sie habe ihr Ziel erreicht und den Kernauftrag erfüllt, die ostdeutsche Wirtschaft zu privatisieren und dadurch in die Marktwirtschaft zu überführen. Angesichts des damaligen Zustands ebenjener ostdeutschen Wirtschaft prognostiziert sie, der Umbruch im Osten sei noch nicht vollendet, die Investoren hätten noch viel zu tun. Dennoch hoffe sie, „dass die Ostdeutschen spätestens in einigen Jahren erkennen könnten, dass die Treuhand zu ihrem Wohl gearbeitet habe".[1] So sehr Birgit Breuel mit ihrer Prognose recht behalten sollte, so wenig erfüllte sich ihre Hoffnung. Bis heute geistert die Treuhandanstalt durch Medienberichte, Kommentarspalten und Stammtischgespräche – in der Regel als Plattmacher ostdeutscher Betriebe und damit auch ostdeutscher Biografien, Hoffnungen und Identitäten.

Das Bild ist auch beeinflusst von der zahlenmäßigen Bilanz ihrer Arbeit, die mit einem fetten Minus auch die Bilanz der gesamten Wiedervereinigung bis heute prägt. Bis Ende 1994 betreute die Treuhandanstalt über 12 000 Unternehmen, von denen 6 500 privatisiert, 1 600 reprivatisiert, 300 kommunalisiert und 3 700 liquidiert worden sind. Am Ende standen Einnahmen von 40 Mrd. D-Mark Ausgaben in Höhe von 166 Mrd. D-Mark gegenüber. Zu diesem Defizit von 126 Mrd. D-Mark kamen noch die Altschulden in Höhe von 73 Mrd. D-Mark. Zusammen mit anderen Zahlungen standen unterm Strich Schulden in Höhe von 204,4 Mrd. D-Mark.[2] Das war ein offenkundiger Unterschied zu den ursprünglichen Annahmen und Hoffnungen. Zu Beginn rechnete sich die Bundesregierung unter Helmut Kohl noch aus, dass die Kosten der Wiedervereinigung wohl schnell wieder gedeckt sein könnten. Durch eine Anschubfinanzierung von 25 Mrd. D-Mark 1991 und 40 Mrd. D-Mark 1992 sollte der Wirtschaftsmotor von allein anlaufen und der Osten selbstständig lebensfähig werden.[3] Diese Vorstellung hatte der frühere Treuhandchef Detlev Rohwedder noch untermauert, indem er bei Arbeitsbeginn den „ganze[n] Salat"[4] der ostdeutschen Wirtschaft auf 600 Mrd. D-Mark einpreiste.

Nicht zuletzt diese Differenz ließ die Arbeit der Treuhand im Nachhinein als „Ausverkauf" der früher volkseigenen Betriebe erscheinen. Beteuerungen, dass sie auch Investitionszusagen in Höhe von 170 Mrd. D-Mark in der Tasche habe, blieben in der öffentlichen Wahrnehmung kaum hängen. Die tatsächlichen Investitionen lassen sich allerdings auch schwerer nachvollziehen und überprüfen als die Ausgaben einer öffentlichen Einrichtung.

Die zu Beginn dieses Buchs erwähnten Altkreditforderungen der Treuhandbetriebe waren ein wesentlicher Posten in diesem Schuldenberg. Sie schlugen bereits bei der Eröffnungsbilanz der Treuhand am 1. Juli 1990 mit insgesamt 99,6 Mrd. D-Mark zu Buche. Den größten Teil davon refinanzierte die Treuhand im Laufe der Jahre über den freien Kreditmarkt. Alte Schulden wurden neue Kredite.[5]

Sowohl der Umgang mit den Schulden als auch mit der Auflösung der Treuhand war letztlich ein Kunstgriff der Verantwortlichen. Zunächst: Die Treuhand wurde gar nicht aufgelöst. Der Rechtsnachfolger mit dem klingenden Namen Bundesanstalt für vereinigungsbedingte Sonderausgaben (BvS) führte die Aufgaben der Treuhand fort. Um die Privatisierungstätigkeit der BvS nicht mit Zinszahlungen zu belasten, verschob man die Schulden allerdings geschickt in einen Erblastentilgungsfonds – also weit weg vom Bundeshalt und von kritischen Blicken der Steuerzahler.

In diesem Sondervermögen des Bundes landeten ab 1995 neben den Schulden der Treuhandanstalt auch die Schulden des DDR-Haushalts aus den Jahren 1989/90 sowie Teile der Altschulden kommunaler Wohnungsunternehmen – insgesamt 181,4 Mrd. Euro. Bedient wurden sie unter anderem aus Überschüssen der Bundesbank (34,1 Mrd. Euro) und dem Verkauf von Mobilfunk-Lizenzen (33,7 Mrd. Euro). Rund 100 Mrd. Euro, also über die Hälfte, wurden über den Bundeshaushalt verrechnet. 2011 galt der Fonds als nahezu getilgt, 2015 wurde er aufgelöst. Wirklich getilgt sind die Schulden jedoch nicht. Über 80 Mrd. Euro stecken noch immer in den Staatsschulden der Bundesrepublik, nur eben als neue Kredite.[6]

Die BvS und ihre Budgets wurden ab 1995 übrigens auch an den Bundeshaushalt angebunden, um die Ausgaben etwas besser steuern und kontrollieren zu können als bei ihrer Vorgängerin. Etwaige Ausgaben wurden nun komplett aus dem Steuersäckel ausgeglichen. Doch Zuschüsse brauchte die BvS nicht mehr. Bis zum Beginn ihrer Abwicklung 2002/03 verbuchte sie 18,5 Mrd. Euro an Einnahmen, mit denen sie ihre Ausgaben in Höhe von 17,9 Mrd. Euro decken konnte.[7]

Daneben taucht bis heute die „Finanzierung der Nachfolgeeinrichtungen der Treuhandanstalt" im Bundeshaushalt auf. Für 2019 und 2020 plant man mit je rund 370 Mio. Euro an Ausgaben und 130 Mio. Euro an Einnahmen. Die Zuschüsse betreffen vor allem Stilllegungen der Braunkohleindustrie sowie der DDR-Kernkraftwerke und obwohl sie ausschließlich für Projekte in den neuen Bundesländern genutzt werden, stehen sie inhaltlich kaum noch im Zusammenhang mit der Treuhandanstalt oder der deutschen Wiedervereinigung. Es sind Fördergelder, die auch Kohlestandorte und Kernkraftwerke im Westen benötigen könnten.

Mit der Treuhand werden auch immer wieder die Kosten der Wiedervereinigung verbunden, obwohl diese nicht seriös zu beziffern sind. Häufig kursieren Zahlen zwischen 1,5 und 2 Billionen Euro, die netto vom Westen in den Osten geflossen seien: Sozialleistungen, Fördergelder, Soli.[8] Ex-Finanzminister Theo Waigel bot mehr und sprach sogar von 2,5 Billionen in den letzten 30 Jahren.[9] Selbst auf diesen langen Zeitraum gerechnet, klingt das nach einer enormen Belastung für das gesamte Land – Schuld daran ist in der Debatte um die Zahlen immer wieder der Osten mit seiner rückständigen Wirtschaft.

Manche Experten schaffen es aber auch, die Zahlen in einem größeren Kontext zu sehen. Sie blicken dabei vor allem auf den Modernisierungsschub, den die Wiedervereinigung über den Osten in den Westen getragen hat. Demnach habe vom schmerzhaften Umbruch und dem folgenden Wachstumsschub die gesamte deutsche Wirtschaft profitiert. Ein Vergleich macht das deutlich: 2018 wies Deutschland eine Staatsverschuldung von 59 Prozent der Wirtschaftsleistung auf, Frankreich und Großbritannien dagegen kommen auf 99 bzw. 86 Prozent – ohne einen solchen Umbruch. Dabei stand die Bundesrepublik Deutschland 1991 mit 39 Prozent sogar noch schlechter da als Frankreich mit damals 37 Prozent und Großbritannien mit 29 Prozent.[10] Im Detail lässt sich allerdings auch aus diesen Zahlen nicht ableiten, welche Einnahmeeffekte die Treuhand möglicherweise langfristig erzeugte. Das bleibt also ein Teilproblem beim ambivalenten Umgang mit ihrem Erbe.

Verlängerte Werkbänke
Die wirtschaftlichen Folgen der Treuhandarbeit

In einem sind sich viele einig: Die Treuhand war und ist Ausdruck eines wirtschaftsliberalen Mottos, nach dem die Macht des Marktes alles richten wird. Auch der damalige Finanzminister Theo Waigel „vertraute auf die Kräfte der Marktwirtschaft und erwartete einen Leistungsschub in der DDR, vergleichbar dem Wirtschaftswunder Ludwig Erhards in den Fünfzigerjahren".[11] Die Macht des Marktes brachte die DDR-Wirtschaft aber eher zur Strecke und zeigte schnell nach der Grenzöffnung, wie wenig wettbewerbsfähig sie war. Vor allem der harte Kern, die Industrie, brach nach 1989 in extrem kurzer Zeit auseinander. Innerhalb von nur zwei Jahren sank die Industrieproduktion um 73 Prozent. So ein Rückgang war in Deutschland bis dahin einmalig. Weder die Weltwirtschaftskrise 1929 noch beide Weltkriege hatten zu solchen Einbrüchen in der Industrieproduktion geführt (siehe Grafik).[12] Einer der Hauptgründe

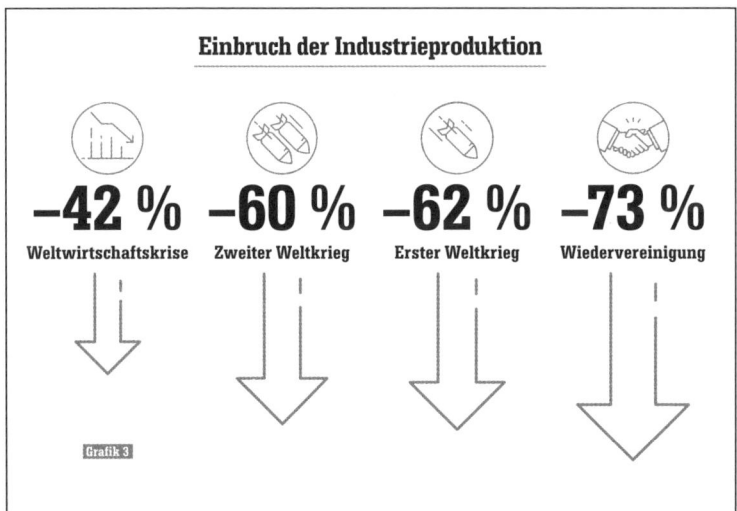

Einbruch der Industrieproduktion

−42 % −60 % −62 % −73 %

Weltwirtschaftskrise | Zweiter Weltkrieg | Erster Weltkrieg | Wiedervereinigung

Grafik 3

war die bereits erwähnte Währungsunion und der umstrittene Umtauschkurs von 1 : 1.

Die Treuhand sollte die Betriebe ab Juli 1990 schnell marktreif machen. Es war eine Aufgabe, die die Umkehrung des ursprünglichen Gründungsauftrags der Treuhand bedeuten sollte. Denn ursprünglich wollten die Reformpolitiker der letzten SED-Regierung unter Hans Modrow die „volkseigenen" Betriebe vor einer Massenprivatisierung schützen und sie als „volkseigenes" Vermögen der DDR-Bürger in die Marktwirtschaft führen. Doch bereits im Juli 1990 – die DDR war zu diesem Zeitpunkt noch ein souveräner Staat und die neu gewählte und letzte DDR-Regierung unter Lothar de Maizière als enger Partner der Bundesregierung bereits im Amt – machte Helmut Kohl die Benennung des Topmanagers der Treuhand zur Chefsache. Als Treuhandchef konnte er Bundesbahnchef Reiner Maria Gohlke gewinnen, als Verwaltungsratschef Detlev Rohwedder, der später auf Gohlke folgen sollte.[13] Von nun an sollte die Treuhand zwar auch sanieren, im Zweifel aber lieber schnell verkaufen.

Die Strategie gehörte zum damaligen Zeitgeist. Von Großbritannien unter Margaret Thatcher aus verbreitete sich in den OECD-Ländern eine regelrechte Privatisierungswelle teurer Staatsbetriebe. Auch die konservativ-liberale Bundesregierung unter Helmut Kohl schwamm ab 1983 auf dieser Welle ins Einheitsjahr 1990. Bis dahin veräußerte sie bereits Anteile von Volkswagen, VEBA sowie Lufthansa und teilte die Post in die Aktiengesellschaften Postbank, Deutsche Telekom und Deutsche Post auf. Maßgebliche Triebfeder war dabei die Einheitliche Europäische Akte von 1986, die 1992 in den Maastricht-Vertrag und die Europäische Union mündete. Genau in diese Zeit des Rückzugs aus Staatsmonopolen fiel die Privatisierung der DDR-Planwirtschaft.[14]

Dass diese Strategie nicht ganz abwegig war, zeigen Investitionsquoten aus dem verarbeitenden Gewerbe. In den Jahren 1991 bis 1993 hatten die bereits verkauften ehemaligen Treuhand-Unternehmen eine doppelt so hohe Investitionsquote (22 Prozent des Jahresumsatzes) wie jene Unternehmen, die noch unter Treuhandverwaltung standen (12 Prozent). Zum Vergleich: In Westdeutschland lagen die Quoten bei unter 10 Prozent.[15] Hinter diesen Zahlen steckt allerdings noch eine andere Wahrheit. Die Treuhand war offenbar kaum bereit, ernsthaft in ihre Unternehmen zu investieren, um sie für einen späteren Verkauf fit zu machen. Selbst der als Sanierer angetretene Rohwedder formulierte es im März 1991 so: „Privatisierung ist die wirksamste Sanierung."[16]

Mit dieser Wartehaltung nahm die Treuhand eine flächendeckende Deindustrialisierung in Kauf, denn das kurzfristige Überangebot von Unternehmen in einem Umfeld schrumpfender Märkte, westdeutscher Überkapazitäten und Rezessionserwartungen ließ die Kaufinteressenten nicht gerade Schlange stehen. Außerdem forderte die Treuhand, das muss man ihr zugutehalten, Arbeitsplatz- und Investitionszusagen, was viele, besonders ausländische Interessenten, abschreckte. Die Betriebe verloren wertvolle Zeit und auch für den Staat sollte die Rechnung nicht aufgehen. Schließlich musste das Geld, das durch den schnellen Rückzug eingespart werden sollte, später in Form von Arbeitslosen- und Sozialhilfe wieder aufgebracht werden. Hinzu kam, dass auch die privaten Investitionen größtenteils aus öffentlichen Mitteln stammten.[17]

Der enorme Zeitdruck, unter dem die Treuhand agierte, erzeugte noch ein weiteres kostspieliges Problem: Korruption, Betrug und dubiose Geschäfte. Kaum jemand konnte detailliert kontrollieren, was in den Büroräumen der Treuhandanstalt ausgehandelt, abgesegnet und unterschrieben wurde. Vieles wurde erst später publik, wobei der zahlenmäßige Schaden in den Augen vieler Experten vergleichsweise klein ausfiel – jedenfalls in Anbetracht des Pensums. Der Bundestag schätzte 1998, dass insgesamt 3 bis

10 Milliarden D-Mark veruntreut sein könnten – Geld, das laut SPD-Mann Volker Neumann noch einmal ausgegeben werden müsse.[18] Die tatsächlichen und langfristigen Folgen für die entsprechenden Unternehmen und Regionen sind sicher nicht so leicht zu schätzen. Zumal die regelmäßig bekannt gewordenen Betrugsfälle als riesige Medienskandale ein schlechtes Licht auf die Treuhand warfen und ein noch schlechteres auf die soziale Marktwirtschaft, deren Mechanismen sich in den Augen der Ostdeutschen als immer unsozialer entpuppten.

Als der Ruf bereits ruiniert war, versuchte die Treuhand ab 1993 einige industrielle Kerne zu retten: das Stahlwerk in Eisenhüttenstadt, den Schwermaschinenbau in Magdeburg oder das Chemiedreieck Halle-Merseburg-Bitterfeld. So wurden noch einmal Milliarden bereitgestellt, um Industriearbeitsplätze zu sichern.[19] In Leuna allein waren es 460 000 D-Mark für jeden einzelnen der 5 000 Arbeitsplätze.[20] Doch es hat sich gelohnt. Insgesamt 6 Mrd. Euro wurden hier bis heute investiert. Inzwischen arbeiten auf dem Gelände der früheren Leunawerke wieder über 10 000 Menschen in rund 150 verschiedenen Unternehmen. Es sind allerdings vor allem Tochterfirmen globaler Chemiekonzerne wie Total, Linde oder BASF.[21]

Die Suche nach potenten Investoren hatte nachhaltigen Einfluss auf die heutige ostdeutsche Wirtschaftsstruktur, denn die gab es im Osten nach 40 Jahren DDR nicht. Lediglich bei „Kleinprivatisierungen" kamen vor allem Ostdeutsche zum Zug, bei den übrigen waren es zu 85 Prozent Westdeutsche und zu 10 Prozent ausländische Investoren.[22] Der größte Teil der ostdeutschen Unternehmen kam also in den Besitz ortsfremder Konzerne. Und da die wenigen genuin ostdeutschen Unternehmen nur langsam auf eigenen Beinen stehen konnten, da sie die Altschulden häufig nicht erstattet bekamen, ist das bis heute so geblieben. Von den 500 größten Unternehmen Deutschlands hatten im Jahr 2019 lediglich

16 ihren Sitz in den neuen Bundesländern, ausgenommen Berlin, und die meisten davon wiederum als Tochterfirmen ausländischer und westdeutscher Großkonzerne.[23] Das galt 2016 auch für 51 der 100 größten ostdeutschen Unternehmen – Tendenz steigend.[24]

Der Osten Deutschlands ist geprägt von verlängerten Werkbänken großer Konzerne, die von entfernten Zentralen über Wohl und Wehe der ostdeutschen Arbeitsplätze entscheiden. Es ist auch diese Wahrnehmung fremdbestimmter und teilweise unsicherer Jobs, die vor Ort ein Gefühl von Unsicherheit und Unzufriedenheit erzeugen kann. Regelmäßig angekündigte Schließungsdrohungen wie bei Siemens, Bombardier in Görlitz oder beim Fahrradwerk in Sangerhausen, heute die Sachsenring Bike Manufaktur, verstärken dieses Gefühl eher noch. Aber lokal verwurzelte Trikotagen- oder Schraubenkönige, wie sie zum Beispiel in Baden-Württemberg einer ganzen Region Identität und sichere Arbeitsplätze garantieren, kommen im Osten so nicht vor.

Der Strukturbruch in der ostdeutschen „Arbeitsgesellschaft"
Das strukturelle Erbe der Treuhandära

Der Strukturwandel, den der Osten Deutschlands während der Treuhandtätigkeit erlebte, war genaugenommen kein Wandel, sondern ein Strukturbruch. Der Versuch, die Wirtschaft eines ganzen Landes in nicht einmal fünf Jahren komplett umzubauen, musste sowohl für die betroffenen Betriebe als auch für die darin Beschäftigten zwangsläufig zu einem gewaltigen Lebensbruch führen. Es war eine wirtschaftliche Revolution, die der Friedlichen Revolution folgen sollte. Die Folgen waren tiefgreifend; sie führten nicht nur zu massenhafter Arbeitslosigkeit, sondern auch zu einer entsicherten Arbeitswelt und einer verunsicherten Bevölkerung.

Besonders deutlich, weil klar messbar, zeigte sich dieser Bruch an den Arbeitslosenzahlen. Sie stiegen bereits Anfang 1990 spürbar an, also bereits lange vor der Gründung der Treuhandanstalt. Schon im Juli 1990, als die Treuhand mit der Sanierung und Privatisierung gerade erst Fahrt aufnahm, waren 272 000 Arbeitslose registriert, 656 000 Kurzarbeiter gemeldet und 150 000 Vorruheständler verabschiedet. Denn schon in diesem letzten Jahr der DDR sank die Wirtschaftsleistung um 5 Prozent und die Industrieproduktion fiel um 42 Prozent ab.[25] 1991 war bereits eine Million Menschen arbeitslos, 700 000 waren in Kurzarbeit, 800 000 in Umschulungen, 100 000 in sogenannten Arbeitsbeschaffungsmaßnahmen und 850 000 wurden bis dahin in Frührente geschickt.[26]

Auf der anderen Seite der gerade eingerissenen Mauer erlebte die Wirtschaft hingegen einen Boom. Nachfrage, Produktion und Beschäftigung stiegen, die Wirtschaftsleistung erlebte 1990 mit 4,5 Prozent eine der höchsten Zuwachsraten seit 1970 – den Hauptanteil machte der Konsum der Ostdeutschen aus. In Westdeutschland sank die Arbeitslosenquote im Jahr 1990 sogar, trotz der Zuwanderung aus dem Osten.[27]

Die Botschaft „Wer arbeiten will, bekommt auch Arbeit", die über westdeutsche Medien die DDR-Bürger erreichte, galt zunächst also weiterhin, aber eher für den Westen. Arbeitslosigkeit hingegen, die die Ostdeutschen ebenfalls nur vom Hörensagen kannten, war im Osten nun plötzlich doppelt so hoch wie „drüben", und das über Jahrzehnte: Bis 2006 verharrte die Arbeitslosenquote im Osten bei über 19 Prozent. Nur wenige Ostdeutsche erlebten in ihrer Erwerbsbiografie einen „sauberen Übergang" ohne Umorientierung. Von denen, die 1989 erwerbstätig waren, arbeiteten 1994 nur noch 25 Prozent im gleichen Betrieb, lediglich 18 Prozent waren trotz Betriebswechsel ununterbrochen berufstätig.[28]

Kein Wunder also, dass sich in dieser Zeit Millionen auf

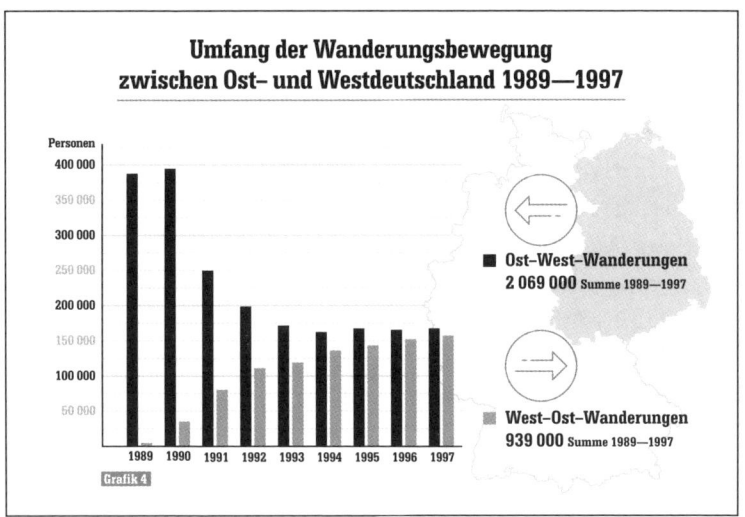

Umfang der Wanderungsbewegung zwischen Ost- und Westdeutschland 1989—1997

Personen

Ost–West–Wanderungen
2 069 000 Summe 1989—1997

West–Ost–Wanderungen
939 000 Summe 1989—1997

1989 1990 1991 1992 1993 1994 1995 1996 1997

Grafik 4

den Weg machten, ihre Heimat zu verlassen. Bereits 1989 und 1990 waren es 800 000 Ostdeutsche, die in den Westen zogen. Bis heute sind es etwa 1,8 Millionen, die nicht zurückkehrten (siehe Grafik).[29] Dabei waren bereits vor dem Mauerfall fünf Millionen DDR-Bürger teils unter schwierigen Bedingungen in den Westen gegangen. Den Zurückgebliebenen haftete daher stets eine gewisse Immobilität an.[30] Zumal es vor allem Leistungsträger waren, also junge, aktive, qualifizierte, schon im Arbeitsleben stehende 18- bis 40-Jährige, die auch nach 1990 Ostdeutschland verlassen haben. Für die Arbeitslosenquote im Osten war das sogar eine Entlastung, für die Erwerbstruktur weniger. Denn es fehlten dadurch wichtige Fach- und Führungskräfte für eine unternehmerische Elite, die die Wirtschaft voranzubringen vermochte.[31]

Für das gesellschaftliche Gefüge waren sowohl Abwanderung als auch Arbeitslosigkeit Gift, denn die DDR war geprägt von einer „Arbeitsgesellschaft", die quasi von heute auf morgen zerbarst. In der alten Bundesrepublik hingegen setzte sich das „Ende der Arbeitsgesellschaft" bereits seit den 1970er Jahren langsam durch. Hinter dem Schlagwort steckte in der realsozialistischen DDR eine enge Verflechtung des Arbeitsplatzes mit Gesundheitsversorgung, Kinderbetreuung, Freizeit, Urlaub, Kultur, Rentnerbetreuung, Freundschaften, Partnerschaften und Feierkultur. Diese betrieblich organisierte Rundumversorgung, die bis zu 85 Prozent der Menschen erreichte, wurde am gründlichsten in den großen Kombinaten bereitgestellt: Wohnungen, Polikliniken, Klubhäuser, Ferienheime, Kindergärten usw.[32] Es waren allerdings genau diese Kombinate, die die Treuhand zu zerschlagen, zu sanieren und zu privatisieren hatte. Als diese Rundumversorgung – meist zusammen mit dem Arbeitsplatz selbst – wegbrach, mussten sich die Menschen also gleich mehrfach umorientieren, teilweise überhaupt erst einmal orientieren.

Diese Phase der Unsicherheit wurde häufig mit der Treuhand assoziiert. Denn bereits seit dem Sommer 1990 begleiteten Arbeitskämpfe, Streiks und Demonstrationen den wirtschaftlichen Umbruch. Immer wieder im Fokus und Ziel der Proteste: die Treuhand. Dabei kann bis heute nicht endgültig geklärt werden, welcher Anteil an Arbeitslosigkeit und Abwanderung auf sie zurückgeht.

Denn schon die erwähnte Rundumversorgung der DDR-Beschäftigten führte zu Betriebsstrukturen, die in der sozialen Marktwirtschaft nach westdeutschem Muster obsolet sein mussten. So hatte beispielsweise der VEB Automobilwerke Eisenach 9 500 Mitarbeiter. Doch nur 2 469 davon schraubten am Fließband tatsächlich Autos zusammen. Außer in der Produktion des Wartburgs arbeiteten Tausende in weiteren Betriebseinrichtungen wie Betriebskindergarten, Bauabteilung, Poliklinik oder Ferieneinrichtungen.[33]

Die Ostdeutschen hatten also außer dem Strukturwandel auch einen immensen Kulturwandel vor sich, den die Treuhand zu gestalten hatte. Doch die Treuhandanstalt, die größte Staatsholding der Welt, hatte nun mal den Auftrag, die in Staatsbesitz befindlichen Unternehmen zu privatisieren und das möglichst schnell, um die Staatskosten zu minimieren und die Kosten des wirtschaftlichen Umbaus den Käufern zu überlassen. Dass die Folgen des Arbeitsplatzabbaus durch die soziale Absicherung ebenjenes Staates in Form von Arbeitslosen- und Sozialhilfe als Kostenpunkt zurückkehren würden, war in diesem Ausmaß nicht geplant.[34] Bereits im Bundeshaushalt 1992 waren diese milliardenschweren Stützen die beiden größten außerplanmäßigen Ausgabeposten.[35]

Inwieweit Strukturwandel langfristig und sozial gestaltet werden kann, nahmen viele schon damals mit Blick auf die Kohlenindustrie wahr. In kaum eine Zukunftstechnologie wurde in den letzten Jahrzehnten so viel Geld gesteckt wie in diese, nun ja, Vergangenheitstechnologie. Das betrifft die Braunkohle in Ost und West genauso wie die Steinkohle im Westen. 1989 wurde jeder der 139 000 Arbeitsplätze im westdeutschen Bergbau mit knapp 54 000 Euro subventioniert – insgesamt 7,5 Mrd. Euro pro Jahr.[36]

In Nordrhein-Westfalen arbeitete bereits seit 1957 jede zweite Zeche nicht mehr kostendeckend. Aber da Kohle strategisch wichtig für die energiepolitische Unabhängigkeit der Bundesrepublik war, wurde der Abbau staatlich subventioniert. Am Ende war eine Tonne Ruhrkohle vier Mal so teuer wie eine Tonne importierte Kohle. Doch durch die Subventionen blieb sie marktfähig und Zehntausende Kumpel behielten dauerhaft ihren Job. Freilich wurden Kohleabbau und Personal langsam zurückgefahren. Als am 21. Dezember 2018 die letzte Zeche geschlossen wurde, waren schätzungsweise 200 bis 300 Milliarden Euro Staatsgelder verbraucht, 60 Jahre Strukturwandel vorbereitet und elf Jahre sozialverträglicher Ausstieg organisiert worden.[37]

Im Vergleich mit Identität und Image, Erhalt und Verlust der Kohleindustrie im Ruhrgebiet wird die Bedeutung für den ostdeutschen Strukturbruch letztlich am augenfälligsten.

Allerdings werden auch fehlende Bemühungen und fehlendes Verständnis in der Bundespolitik und der Treuhandtätigkeit deutlich, die langfristig enorme gesellschaftliche Folgen hatten und das Bild von einer erfolgreichen Wiedervereinigung nachhaltig beeinflussen.

Die schwierige Aufarbeitung
Der umfangreiche Nachlass der Treuhand

Die Treuhandanstalt gibt es unter diesem Namen bereits seit 1995 nicht mehr. Das Image bleibt. Ihre umstrittene Rolle im ostdeutschen Transformationsprozess sorgt auch 30 Jahre nach der Wiedervereinigung weiterhin für Aufregung, für Diskussionen, für Frust. Zahlreiche Ostdeutsche ziehen sie immer wieder heran als die Schuldige für die wirtschaftliche Misere im Osten, selbst dort, wo die Wirtschaft gar nicht so schlecht dasteht.[38] Das macht sich auch die Politik zunutze und setzt das Schlagwort vor allem beim Wahlkampf im Osten als Protest gegen elitäre, westdeutsch geprägte Strukturen ein – so macht das seit Langem die Linkspartei als alte SED-Nachfolgerin und seit einigen Jahren auch die AfD als neue populistische Bewegung. Nicht wenige fordern einen neuen Untersuchungsausschuss, Politiker der SPD gar eine Wahrheitskommission.[39]

Die wissenschaftliche Aufarbeitung bekommt in den letzten Jahren ebenfalls neuen Schwung. Millionen werden in historische Forschungsvorhaben gesteckt, um die Arbeit der Treuhandanstalt neu zu vermessen. Das vom Bundesministerium der Finanzen geförderte Forschungsprojekt des Münchner Instituts für Zeitgeschichte nimmt dabei erstmals die vom Bundesarchiv erschlossenen Treuhandakten in den Fokus. Nachdem Politiker wie der ostdeutsche SPD-Mann Richard Schröder erfolgreich um eine Schutzfristverkürzung warben, kann nun jeder Bürger Akten einsehen, sobald sie erschlossen sind. 2016 begann die Aktenübernahme durch das Bundesarchiv in Zusammenarbeit mit der Treuhandnachfolgerin BvS. Die Mammutaufgabe wird wohl frühestens 2024 beendet sein.[40]

Dass die Treuhand noch immer relevant ist für weite Teile vor allem der ostdeutschen Bevölkerung, zeigt eine Studie von 2017: 95 Prozent der Ostdeutschen und immerhin 85 Prozent der Westdeutschen ab 40 Jahren kennen die Treuhand. Bei den jüngeren sind es 33 bzw. 20 Prozent. Und auch das Bild, das die Befragten von der Treuhand wiedergeben, ist relativ einheitlich. Es wird verbunden mit Schlagworten wie Abwicklung, Ausverkauf und Betrug.

Dagegen wurden die persönlichen Erfahrungen mit der Wiedervereinigung von den Befragten besser bewertet, daher sehen die Studienautoren[41] die Treuhand in der Rolle eines Sündenbocks. Sie sei „vom kurzfristigen vereinigungspolitischen ‚Blitzableiter' mittel- und langfristig zu einer erinnerungskulturellen ‚Bad Bank' geworden, in die viele einstmals direkt oder indirekt betroffene Ostdeutsche ihre weitgehend unverarbeiteten Umbruchserfahrungen mental ‚auslagern' konnten".[42]

In der Tat prägte das rasante Tempo des Strukturbruchs das vielschichtige und schnelllebige Meinungsbild der Ostdeutschen. 1991 glaubte noch fast die Hälfte der Ostdeutschen, an der hohen Arbeitslosigkeit im Osten seien die SED-Misswirtschaft und die alten Betriebsleiter schuld, 1995 war es nur noch gut ein Viertel. Fast die Hälfte der Befragten sah die Gründe nun in der schnellen Einführung der sozialen Marktwirtschaft und dem Handeln der Treuhand. Zwischen den beiden Umfragen wurde „Besserwessi" zum Wort des Jahres 1991 gekürt. Es stand damals in enger Verbindung mit der Treuhand.[43]

Dabei waren die Ostdeutschen zunächst sehr zuversichtlich in die neue Zeit gestartet: Im Frühjahr 1990 befürworteten noch 77 Prozent von ihnen die „soziale Marktwirtschaft" –

Ende 1995 waren es nur noch 26 Prozent. Vielen fehlte offenbar die soziale Komponente.[44] Im Gegenzug hielten mittlerweile rund drei Viertel den Sozialismus für eine eigentlich ganz gute Idee – nur eben eine schlecht ausgeführte.[45] Der Zeithistoriker Ulrich Herbert schrieb dazu: „Dabei war insbesondere das Empfinden verbreitet, von findigen westdeutschen Geschäftemachern übers Ohr gehauen zu werden und den arroganten, im Osten wie Kolonialoffiziere auftretenden Westdeutschen ausgeliefert zu sein."[46]

Dieses öffentliche Bild wurde nicht unwesentlich von verschiedenen Medien verstärkt. So ist zum Beispiel Treuhand-Chef Rohwedder laut dem Nachrichtenmagazin Der Spiegel „zum bestgehaßten Mann unter ostdeutschen Werktätigen geworden, zum Buhmann von Managern und Investoren"[47] – so stand es eine Woche vor seiner Ermordung am 1. April 1991 in einem Artikel. Der Spiegel schrieb, wie auch die übrige linksalternative (west)deutsche Medienlandschaft eher Treuhand-skeptisch bis -kritisch. Demgegenüber stand eine „neutrale bis verhalten-wohlwollende" liberal-konservative Wirtschaftspresse, die weitgehend der Argumentation der Bundesregierung und Treuhand folgte. Als die Medienöffentlichkeit allerdings immer häufiger Skandalfälle debattierte, wurden diese konkreten Korruptions- und Betrugsfälle eng mit der Treuhand verbunden. Im Fokus auf diese Schlaglichter entstand ein Nachbild, das sich im Großen und Ganzen bis heute halten konnte.[48]

Die Bundesregierung schaffte es frühzeitig, nicht Teil dieses Bildes zu werden, obwohl sie gerade unter Helmut Kohl auf eine schnelle Privatisierung drängte. Der Bundeskanzler wollte das Thema Treuhand gerne vor den Bundestagswahlen 1994 beenden und hielt sich so einigermaßen schadlos. Seine CDU büßte bei der Wahl gegenüber 1990 zwar Stimmenanteile ein, allerdings nur 3,3 Prozentpunkte im Osten und 2,3 Prozentpunkte im Westen.[49]

Heute kommt jedoch die Schuldfrage wieder auf die Agenda. Aufarbeitung wird gefordert, vor allem von der AfD und der Linkspartei, die im Osten mit unterschiedlichen Motiven um unzufriedene Wähler buhlen. Dabei scheint die AfD erfolgreicher zu sein als Die Linke. Eine regionale Datenanalyse von 2019 zeigt, dass die AfD bei den Landtagswahlen 2019 in Brandenburg, Sachsen und Thüringen dort besonders stark war, wo die meisten Jobs in Industriebetrieben abgewickelt wurden – wo also möglicherweise das augenscheinliche Umfeld von Industrieruinen oder unsicherer Jobperspektive beeinflusst wurde.[50]

Eine tiefgreifende Aufarbeitung der Treuhandarbeit ist jedoch nicht unproblematisch, nicht allein wegen des gigantischen Aktenberges, den die Treuhand hinterlassen hat. Er ist mit 45 Regalkilometern Schriftgut größer als beispielsweise der Aktenberg, den das Deutsche Reich bis 1945 im Bundesarchiv einnimmt – und die Treuhand bestand nicht einmal fünf Jahre. Jahrzehntelang waren die Akten nicht zugänglich, was den geheimnisumwitterten Mythos Treuhand eher noch gestärkt hat.[51]

Sich mit der Treuhand auseinanderzusetzen bedeutet auch, sich mit einer sehr komplexen Geschichte auseinanderzusetzen, die sich mindestens vom Altschuldenerbe über den Währungsschock bis in Tausende Einzelfälle erstreckt – und diese können wie in diesem Buch immer nur exemplarisch betrachtet werden. Die Ebene der Politik muss dabei genauso in den Fokus gerückt werden wie die Ebene der lokalen Unternehmen. Auch die Akteure wie Investoren und Politiker, Treuhand-Mitarbeiter und externe Berater, Betriebsleiter und Betrüger waren so unterschiedlich wie zahlreich. Nichtsdestotrotz wird sich eine weitere Auseinandersetzung mit dem Thema lohnen, denn sie öffnet nicht nur den Blick auf einen spannenden Teil gesamtdeutscher Geschichte, sondern ermöglicht auch Antworten auf wichtige Fragen der Gegenwart.

Anmerkungen

1 Frankfurter Allgemeine Zeitung, Treuhand: Osten erst 1995 wieder auf DDR-Niveau, 31. Dezember 1994.

2 Vgl. Bundesanstalt für vereinigungsbedingte Sonderaufgaben (Hg.): „Schnell privatisieren, entschlossen sanieren, behutsam stilllegen" – Ein Rückblick auf 13 Jahre Arbeit der Treuhandanstalt und der Bundesanstalt für vereinigungsbedingte Sonderaufgaben. Berlin 2003. S. 98 ff.

3 Vgl. Herbert, Ulrich: Geschichte Deutschlands im 20. Jahrhundert. München 2017. S. 1145. Vgl. Brenke, Karl/Zimmermann, Klaus F.: Ostdeutschland 20 Jahre nach dem Mauerfall: Was war und was ist heute mit der Wirtschaft? In: Vierteljahreshefte zur Wirtschaftsforschung, 2009/2, S. 33.

4 Der Spiegel, „Man läßt uns nicht sterben", 4. Februar 1991.

5 Vgl. Bundesanstalt für vereinigungsbedingte Sonderaufgaben (Hg.): Schnell privatisieren. S. 101 f.

6 Vgl. Schäfers, Manfred: Frankfurter Allgemeine Zeitung, Schuldenfalle Erblastentilgungsfonds. Wenig getilgt, viele neue Kredite, 28. Januar 2009. Vgl. Gesetz zur Änderung von Gesetzen über Sondervermögen des Bundes vom 22. Dezember 2014. https://www.bundesfinanzministerium.de/Content/DE/Gesetzestexte/Geset ze_Verordnungen/2014-12-30-G-zur-Aenderung-v-G-ueber-Sonder vermoegen-d-Bundes.html (21. Dezember 2019).

7 Vgl. Bundesanstalt für vereinigungsbedingte Sonderaufgaben (Hg.): Schnell privatisieren. S. 158 ff.

8 Vgl. Bundeszentrale für politische Bildung: Zahlen und Fakten zur Deutschen Einheit. http://www.bpb.de/geschichte/deutsche-ein heit/zahlen-und-fakten-zur-deutschen-einheit/212659/die-frage-nach-den-kosten-der-wiedervereinigung (21. Dezember 2019).

9 Vgl. Waigel, Theo: Ehrlichkeit ist eine Währung. Berlin 2019. S. 164.

10 Vgl. Hermann, Ulrike: Deutschland, ein Wirtschaftsmärchen. Warum es kein Wunder ist, dass wir reich geworden sind. Frankfurt/Main 2019. S. 194. Vgl. International Monetary Fund: General government gross debt. Percent of GDP. https://www.imf.org/external/datamap per/GGXWDG_NGDP@WEO/OEMDC/ADVEC/WEOWORLD/DEU (21. Dezember 2019).

11 Waigel: Ehrlichkeit ist eine Währung. S. 129.

12 Vgl. Windolf, Paul: Die wirtschaftliche Transformation. Politische und ökonomische Systemrationalitäten. In: Der Vereinigungsschock. Vergleichende Betrachtungen zehn Jahre danach. Hg. von Wolfgang Schluchter, Peter E. Quint. Weilerswist 2001. S. 396.

13 Vgl. Der Spiegel, Notfalls liquidieren. Bundesbahn-Chef Gohlke soll die Volkseigenen Betriebe der DDR privatisieren, 9. Juli 1990.

14 Vgl. Crouch, Colin: Postdemokratie. Frankfurt/Main 2008. S. 101 ff. Vgl. Deckwirth, Christina: Die Europäische Union als Triebkraft der Privatisierung. In: WSI-Mitteilungen, 10/2008, S. 534 ff.

15 Vgl. Kühl, Jürgen/Wahse, Jürgen: Die Rolle der Treuhandanstalt für die Beschäftigungsentwicklung in Ostdeutschland. In: Erwerbsarbeit und Beschäftigung im Umbruch. Hg. von Hildegard Nickel, Jürgen Kühl, Sabine Schenk. Berlin 1994. S. 121–146, hier S. 139 ff.

16 Brief von Rohwedder, Detlev: „An alle Mitarbeiterinnen und Mitarbeiter der Treuhandanstalt" am 27. März 1991. Treuhand-Dokumentation 1994. Bd. 1. S. A72.

17 Vgl. Kühl/Wahse: Die Rolle der Treuhandanstalt. S. 121 ff.

18 Vgl. AP-Meldung, Milliarden bei Umwandlung der DDR-Wirtschaft veruntreut, 16. Juni 1998.

19 Vgl. Treuhand-Dokumentation 1994. Bd. 11. S. 705 ff.

20 Vgl. DPA-Meldung, Leuna-Privatisierung soll fast 2,3 Milliarden Mark gekostet haben, 5. August 2001.

21 Vgl. InfraLeuna GmbH: Daten und Fakten. https://www.infraleuna. de/standort-leuna/daten-und-fakten/ (19. Dezember 2019). Vgl. Infra Leuna GmbH: Firmen am Standort. Die Produzenten. https://www. infraleuna.de/firmen-am-standort/die-produzenten/ (19. Dezember 2019).

22 Vgl. Böick, Marcus: Die Treuhandanstalt 1990–1994. Erfurt 2015. S. 92.

23 Vgl. Kaiser, Arvid: Manager Magazin, Die Oasen in der ostdeutschen Wirtschaftswüste, 3. Oktober 2019.

24 Vgl. Bluhm, Michael/Jacobs, Olaf: Wer beherrscht den Osten? Ostdeutsche Eliten ein Vierteljahrhundert nach der deutschen Wiedervereinigung. Leipzig 2016. S. 15.

25 Vgl. Bach, Hans-Uwe/Brinkmann, Christian/Kohler, Hans et. al.: Zur Arbeitsmarktentwicklung 1990/1991 im vereinten Deutschland. In: Mitteilungen aus der Arbeitsmarkt- und Berufsforschung, 23/1990, S. 461 ff.

26 Vgl. Herrmann: Deutschland, ein Wirtschaftsmärchen. S. 193.

27 Vgl. Bach/Brinkmann/Kohler et. al.: Zur Arbeitsmarktentwicklung. S. 457.

28 Vgl. Kurz-Scherf, Ingrid/Winkler, Gunnar (Hg.): Sozialreport 1995. Daten und Fakten zur sozialen Lage in den neuen Bundesländern. Berlin 1995. S. 82.

29 Vgl. Berlin-Institut für Bevölkerung und Entwicklung: So geht Einheit. Wie weit das einst geteilte Deutschland zusammengewachsen ist. Berlin 2015. S. 16.

30 Vgl. Kowalczuk, Ilko-Sascha: Die Übernahme. Wie Ostdeutschland Teil der Bundesrepublik wurde. München 2019. S. 151 ff.

31 Vgl. Funken, Klaus: Keine Wende am Arbeitsmarkt in Ostdeutschland. Eine Zwischenbilanz im Jahre 1996. Bonn 1996. S. 8. Vgl. Bluhm/Jacobs: Wer beherrscht den Osten? S. 14 ff.

32 Vgl. Kowalczuk: Die Übernahme. S. 138 ff. Vgl. Kurz-Scherf, Ingrid/ Winkler, Gunnar: Sozialreport 1994. Daten und Fakten zur sozialen Lage in den neuen Bundesländern. Berlin 1994. S. 94 ff.

33 Vgl. Kleinschmidt, Heiko: Thüringische Landeszeitung, „Als Opel sich meldete, war das wie eine Eintrittskarte", 27. September 2016.

34 Vgl. Kühl/Wahse: Die Rolle der Treuhandanstalt. S. 121 ff.

35 Vgl. Deutschland. Bundesministerium der Finanzen (Hg.): Haushaltsrechnung und Vermögensrechnung des Bundes für das Haushaltsjahr 1992. Bonn 1992. S. 32.

36 Vgl. Kowalczuk: Die Übernahme. S. 125. Vgl. Brüggemeier, Franz-J.: Grubengold. Das Zeitalter der Kohle von 1750 bis heute. München 2018. S. 377 ff.

37 Vgl. Kowalczuk: Die Übernahme. S. 125.

38 Vgl. Köpping, Petra: „Integriert doch erst mal uns!" Eine Streitschrift für den Osten. Berlin 2018. S. 17 ff.

39 Vgl. Welt: Linke fordert Untersuchungsausschuss zur Treuhand. https://www.welt.de/politik/deutschland/article192183775/30-Jah re-nach-der-Wende-Linke-fordert-Untersuchungsausschuss-zur-Treu hand.html (23. Dezember 2019).

40 Vgl. Drucksache 19/7166 des Bundestages: Umgang mit den Akten der Treuhandanstalt, deren Tochtergesellschaften und Nachfolgeorganisationen. S. 6.

41 Vgl. Goschler, Constantin/Böick, Marcus: Studie zur Wahrnehmung und Bewertung der Arbeit der Treuhandanstalt im Auftrag des Bundesministeriums für Wirtschaft und Energie. Bochum 2017.

42 Ebd. S. 116.

43 Vgl. Kurz-Scherf/Winkler: Sozialreport 1995. S. 147.

44 Vgl. Schindelbeck, Dirk/Igen, Volker: „Haste was, biste was!" Werbung für die Soziale Marktwirtschaft. Darmstadt 1999. S. 200.

45 Vgl. Neller, Katja: DDR-Nostalgie? Analysen zur Identifikation der Ostdeutschen mit ihrer politischen Vergangenheit, zur ostdeutschen Identität und zur Ost-West-Stereotypisierung. In: Wirklich ein Volk? Die politischen Orientierungen von Ost- und Westdeutschen im Vergleich. Hg. von Jürgen Falter, Oscar W. Gabriel, Hans Rattinger. Opladen 2000. S. 571–608, hier S. 579.

46 Herbert, Ulrich: Geschichte Deutschlands im 20. Jahrhundert. München 2017. S. 1155.

47 Der Spiegel, „Am Geld wird nichts scheitern", 25. März 1991.

48 Vgl. Goschler/Böick: Studie zur Wahrnehmung und Bewertung der Arbeit. S. 26 f.

49 Vgl. Der Bundeswahlleiter: Ergebnisse früherer Bundestagswahlen. Wiesbaden 2018. S. 22.

50 Vgl. Mitteldeutscher Rundfunk: Treuhanderbe macht AfD stark. Wie die Arbeit der Treuhand noch heute Einfluss auf die Wahlergebnisse im Osten hat. https://www.mdr.de/nachrichten/wirtschaft/treu

hand/wahl-thueringen-treuhand-wer-beherrscht-100.html (18. Dezember 2019).

51 Vgl. Drucksache 19/7166 des Bundestages: Umgang mit den Akten der Treuhandanstalt, deren Tochtergesellschaften und Nachfolgeorganisationen. S. 2 ff. Persönliche Mitteilung des Bundesarchivs: Beständeübersicht 2019.

Verzeichnis der Grafiken

Personenregister

Autorenbiografien

Olaf Jacobs, geb. 1972 in Leipzig, arbeitete nach dem Abitur beim Radio und Fernsehen. Gleichzeitig studierte er Recht und Volkswirtschaft. Seit beinahe 20 Jahren arbeitet er als Autor und Produzent fürs Fernsehen. Filme von ihm haben den Europäischen Fernsehpreis, den Grimme-Preis und weitere Auszeichnungen bekommen. An der Universität Leipzig hält er eine Professur für Film- und Fernsehproduktion. In Zusammenarbeit mit dem Mitteldeutschen Verlag hat er bereits mehrere Projekte umgesetzt, zuletzt „Die Staatsmacht, die sich selbst abschaffte".

Matthias Judt, geb. 1962 in Berlin, ist Wirtschaftshistoriker. Den Schwerpunkt seiner Forschung bildet die deutsche und US-amerikanische Wirtschaftsgeschichte. Lange Jahre arbeitete er am Zentrum für Zeithistorische Forschung Potsdam, davor in Berlin, Hannover, Washington, D. C., und Halle (Saale). Seine Promotion zum Dr. oec. erlangte er 1989 mit einer Studie zur Einführung der automatisierten Informationsverarbeitung in der DDR-Volkswirtschaft in den 1950er und 1960er Jahren. Danach forschte er zu den Themen intellektuelle Reparationen nach 1945, deutsche und US-amerikanische Konsumgeschichte, zur Sozialgeschichte der DDR, zum Bereich Kommerzielle Koordinierung im DDR-Ministerium für Außenhandel und zur Leipziger Geschichte. Letzte Veröffentlichungen: „Der Bereich Kommerzielle Koordinierung. Das DDR-Wirtschaftsimperium des Alexander Schalck-Golodkowski" (Berlin 2013), „KoKo – Mythos und Realität" (Berlin 2015).

Michael Graupner, geb. 1990 in Eberswalde, wurde an der Deutschen Journalistenschule in München ausgebildet. Der

Journalist und Autor schreibt für Frankfurter Allgemeine Zeitung, Frankfurter Allgemeine Sonntagszeitung, Der Tagesspiegel, Der Spiegel, Der Spiegel Geschichte, B. Z. und andere. Seine Expertise für wirtschaftlich und gesellschaftlich relevante Umwälzungen nach 1990 brachte er bereits 2018 als Mitautor ein bei „Die Staatsmacht, die sich selbst abschaffte", erschienen im Mitteldeutschen Verlag.

Michael Schönherr, geb. 1982 in Magdeburg, ist Journalist und Autor in Leipzig. An der Schnittstelle zwischen Wissenschaft und Journalismus beschäftigt er sich unter anderem mit deutscher Geschichte sowie aktuellen Themen in Politik und Gesellschaft. Nach dem Studium der Politikwissenschaft sowie der Kommunikations- und Medienwissenschaft an der Universität Leipzig wandte er sich zahlreichen datenjournalistischen Projekten zu. Dabei entstand neben datengetriebenen Film- und Onlineprojekten auch Literatur zur DDR- und Transformationsgeschichte. In diesem Zusammenhang wirkte er zuletzt an dem Projekt „Die Staatsmacht, die sich selbst abschaffte" (Mitteldeutscher Verlag) mit.